国家自然科学基金项目（41771190）资助

国家自然科学基金项目（41271192）资助

Microstudies of
ECONOMIC GEOGRAPHY
—— Case Study of Henan Province

经济地理学的
微 观 研 究
—— 以河南省为例

高更和 等 / 著

中国财经出版传媒集团

经济科学出版社
Economic Science Press

图书在版编目（CIP）数据

经济地理学的微观研究：以河南省为例/高更和等
著. -- 北京：经济科学出版社，2022.5
ISBN 978 - 7 - 5218 - 3698 - 1

Ⅰ. ①经… Ⅱ. ①高… Ⅲ. ①经济地理学 - 研究
Ⅳ. ①F119.9

中国版本图书馆 CIP 数据核字（2022）第 091958 号

责任编辑：袁　溦
责任校对：孙　晨
责任印制：王世伟

经济地理学的微观研究
——以河南省为例
高更和　等著
经济科学出版社出版、发行　新华书店经销
社址：北京市海淀区阜成路甲 28 号　邮编：100142
总编部电话：010 - 88191217　发行部电话：010 - 88191522
网址：www. esp. com. cn
电子邮箱：esp@ esp. com. cn
天猫网店：经济科学出版社旗舰店
网址：http://jjkxcbs. tmall. com
北京季蜂印刷有限公司印装
710 × 1000　16 开　16.75 印张　190000 字
2022 年 8 月第 1 版　2022 年 8 月第 1 次印刷
ISBN 978 - 7 - 5218 - 3698 - 1　定价：76.00 元
（图书出现印装问题，本社负责调换。电话：010 - 88191510）
（版权所有　侵权必究　打击盗版　举报热线：010 - 88191661
QQ：2242791300　营销中心电话：010 - 88191537
电子邮箱：dbts@ esp. com. cn）

序　言

（一）

地理学是研究地理环境与人地关系的学科，在林林总总的学科中，地理学区别于其他学科的特点是空间性、交叉性和综合性，其中最显著的特点是空间性，即从空间角度对地理现象进行研究。按照研究内容的性质，地理学可分为自然地理学和人文地理学两大门类。人文地理学包含众多的分支学科，其中经济地理学是其最重要的分支学科，因为经济活动是人类生存发展的基本活动和基础。经济地理学是研究经济现象空间规律的学科，其显著特点像地理学一样是空间性。对经济现象的研究有很多学科，然而经济地理学的空间性是其他学科不能替代的，空间性是经济地理学屹立于科学之林的独特价值所在。空间性的学科特点导致了经济地理学"空间格局—演化过程—形成机制"基本研究范式，实践性的特点又使其研究范式扩展为"格局—过程—机制—模拟—优化"。近几十年来，随着信息科学的发展，地理信息系统由工具上升为学科，所以目前地理学主要包括三大二级学科，即自然地理学、人文地理学、地图学与地理信息系统。

中国地理学的发展过程表明，经济地理学是人文地理学最重要的分支学科，也是人文地理学中相对而言比较成熟的学科。经济地理学的研究从早期的农业区位、区域规划、国土开发到目前的城镇规划、城市群发展、产业集聚、经济全球化、区域创新系统等，无不以宏观研究为主。宏观研究一般能与国家的实践需求相结合，能够实现经济地理学服务社会经济发展的价值，容易得到社会的认可，因此长期以来是我国经济地理学研究的主流。不过，宏观研究也有缺陷，主要表现是对空间规律和形成机制认识得不透彻，因为任何宏观现象的形成都是若干微观主体作用的结果，因此用还原论的观点指导研究，可弥补上述研究不足。还原论认为，科学在某种意义上是还原的，选择某一研究是对现实世界某个部分的还原，世界复杂多样，要进行研究必须简化，把现象简化和分解，逐个元素进行研究可获得整体规律。因此宏观加微观，从宏观问题着眼、从微观案例入手是最有价值的研究方案。

作者在 21 世纪初就开始了微观研究，相继发表了一些成果。20世纪末，联合国环境与发展大会通过了全球《21 世纪议程》，随后中国政府也制定了《中国 21 世纪议程》。21 世纪议程的核心是可持续发展，故当时有关可持续发展的研究成为学者们关注的重要议题，作者也进行了一些研究，其中重点关注了公众意识问题（因为当时可持续发展是一个新概念，公众还未完全接受和形成自觉行动），发表了《区域可持续发展评估的公众参与视角》《公众可持续发展基本意识评价与分析》等几篇微观研究论文。2004 年作者开始攻读博士学位，期间跟随导师开始进行农户地理的研究，从农户、农民和村落微观角度开展农户经济活动微观区位的研究。后来在两个国家自然科学基金面上项目的资助下，又着手从微观角度进行农民工务工区位和农民工回流区位的研究，也相继发表了一些论文，本书的内容即是过去所发表相关微观研究论文的部分汇总。

（二）

本书共分四篇。第一篇为农民工回流区位研究（包含第1章至第3章），主要基于河南省一些典型样本村调研数据，从个体、家庭、村庄角度对农民工回流务工区位进行的研究。第二篇为农民工与农户务工区位研究（包含第4章至第11章），主要基于田野入户调查数据，对农民工外出务工区位选择进行的研究。第三篇为专业村形成历程研究（包含第12章），主要基于入户调查数据，对农区农业村形成发展过程和影响因素进行的研究。第四篇为公众可持续发展参与研究（包含第13章和第14章），主要是从公众角度对地方可持续发展评估和公众参与可持续发展进行的研究。

第1章为农民工回流务工区位研究。回流已成为我国农民工流动的重要趋势，未来将重塑农村人口流动的空间格局。本章基于901份田野调查数据，采用描述性统计和二元逻辑回归方法，对农民工回流务工区位及影响因素进行了研究。结果表明，农民工回流后务工区位选择主要以县城为主，其次为村庄，中心城区和集镇较少。省外回流和省内回流是农民工回流的基本形式，但二者在务工区位选择上存在一定差异。回流务工区位以本属区位为主，但也存在少量非本属区位。影响回流农民工务工区位选择的显著因子包括年龄、家庭人口、家庭代数、居住区位、村人均收入、村回流比、距城市距离、前务工地类型等。农民工回流后，虽然整体上解决了空间距离问题，但仍在更小的空间尺度上继续存在务家和务工的平衡问题，距离在回流务工区位选择中具有重要作用。在一定程度上，随着务工者年龄的增长，村庄将成为其最终的归宿。务家中的照顾子女比照顾长辈重要，以子女为中心的家庭社会行为比较普遍。在回流务工区位选择上，存在路径依赖现象。县城应成为农区新型城镇化发展的重点和主要载体。

第 2 章为中部农区农民工多阶流动及影响因素研究。人口迁移流动的时间过程研究有助于推进和深化人口迁移时空演变理论的发展。本章基于田野调查深度访谈数据，采用统计分析和逐次二元逻辑方法，对农民工空间流动随时间变化的规律进行了研究，提出并验证了农民工多阶流动假说。研究认为，农民工对务工地的选择是一个趋于优化的动态过程，随着流动次数的增加，务工地逐渐趋于稳定，区位务工时间延长，村落附近的城镇渐成主要务工地选项，流动动因中的主观动因强化，被动动因弱化，逐次流动模型中务工年限、务工地域类型、务工者年龄、家庭人口规模、家庭耕地面积、村地形、村务工人数比例、村区位等主要因子的显著性程度和方向也发生相应变化。经过多次流动，务工地愈加符合务工者的预期。

第 3 章为省际流动农民工回流区位及影响因素研究。在快速工业化和城市化过程中，伴随农民工外出务工流动的回流现象日益受到学者们的关注。本章基于抽样调查的 529 份农民工回流问卷数据，采用统计分析和二元逻辑模型对农民工的回流区位选择及影响因素进行了分析。研究发现，本村、本乡镇和本县城是省际流动农民工回流区位的主要选择地，本乡镇和本县城也是农民工回流创业的首选区位，而本市、外市回流农民工较少。回流区位选择的主要机制是务家和经济收益的叠合。影响省际流动农民工回流区位选择的主要因素为农民工年龄、家庭中小学生数量、家庭农民工数量、人均耕地面积等。农民工流动与回流实际上均为农民工在地理空间中的位置选择与变动，其取决于不同区位的黏性大小。

第4章为中部农区农户打工簇研究。对农户打工区位的研究是认识农民工流动空间规律的基础。本章通过对河南省南阳市三个不同类型典型样本村的实证研究，发现农户打工区位的选择具有明显的打工簇现象，在自然村尺度上，少数的打工簇集中了多数的打工者。其形成主要由打工决策和打工区位选择中打工者所拥有的社会资本决定，主要基于传统地缘关系和血缘关系的关系网络在打工簇的形成中具有重要作用，种子打工者和潜在打工者在由关系强度决定的博弈中造成了打工簇的形成和扩散。

第5章为农民工务工目的地分布研究。务工目的地选择是农民工空间流动的基础，对其研究有助于在微观层面上了解农民工流动的空间规律。本章通过对随机分层抽样产生的河南省11个不同类型样本村的实证研究，发现务工目的地大分散、小集中，县内和省外占较大优势。务工者主要集中于东部经济较为发达的省市，中部作为务工源并未形成最核心的务工区域。影响农民工务工距离选择的主要因素是年龄、家庭人口、人均耕地、村经济发展水平、村地形、村交通、离最近城市距离、关系网络等因子。从务工目的地角度观察，在省域尺度上，综合考虑务工目的地经济发展水平和务工距离的务工引力系数在较大程度上解释了农民工对务工目的地的选择，经济较发达、距离较近的目的地是务工者的首选。

第6章为中部农区农户打工距离研究。对农户打工距离和区位的研究是认识农民工流动空间规律的基础。本章通过对河南省三个不同类型样本村的实证研究，发现打工距离整体分散、局部集中，打工人数随距离的变化呈 "U" 形分布，打工者在打工目的地的分布上具有群聚特征。影响农户打工距离选择的主要因素是年龄、家庭类型、家庭代数、上学人数和关系网络因子。年龄较大者、家庭类型较简单者、家庭代数较多者、上学人数较多者和关系网络较少者，选择在本地打工的概率较大，反之亦然。

第 7 章为中部农区农户打工地城镇规模类型。对农户打工地城镇规模类型的研究是认识农民工流动规律的重要内容。本章基于入户调查数据，采用多值逻辑回归模型和有序逻辑回归模型，以河南省三个样本村为例，对中部农区农户打工地城镇规模类型进行了研究。研究发现，农户打工地主要集中于省城、深圳经济特区、乡镇和地级市，而在县城打工的人较少；农户对打工地城镇规模类型的选择与打工距离密切相关；家庭代数、村经济发展水平和关系网络是影响农户打工地城镇规模类型选择的重要因素。

第 8 章为农民工务工地非稳定性研究。农民工务工地非稳定性直接影响农民工收入的高低和农民工的地方归属感，是农民工空间流动的重要表现形式之一。本章基于河南省33个村1091份调查问卷数据，采用务工地变动频率、务工地企业区域黏性指数、描述性统计和二元逻辑回归等指标和方法，对农民工务工地非稳定性特征及影响因素进行了研究。研究发现，农民工务工地非稳定性较大，行业之间存在较大差异，务工企业流动性较高，务工地企业区域黏性指数较小，区域流动成为农民工流动的基本特征，务工者通过不断的区域变换去实现自己收入的合理化和最大化。影响农民工务工地非稳定性的显著性因子主要是务工者性别、年龄、家庭老人数量占比、耕地面积、村庄经济发展水平、村庄区位、务工行业类型、工资收入水平等，农民工务工地是否稳定和是否流动，受到个人、家庭、村庄、务工地等多种经济和非经济因素的影响。

第9章为农民工初终务工地空间变动研究。农民工流动是当前我国经济社会发展最重要的现象之一，而务工地空间变动决定了流动方向及其变化。本章基于河南省33个村1 091份调查问卷数据，采用初终务工地对比和二元逻辑回归分析等方法，对农民工初终务工地的空间变动及其影响因素进行了研究。研究发现，初终务工地的变动十分频繁，务工距离也随之发生明显改变，但在不同的务工年限区间具有不同的变化特征。在务工地行政空间类型转换中，空间惰性特征明显，但出现了弱回归本地的现象。影响初终务工地距离变动的显著因子为务工年限、初次务工距离、务工地点数量、性别、教育程度、家庭人口规模、家庭抚养比、村区位等。目前，多数农民工的务工行为和空间选择机制依然是增加收入和务家之间的平衡。

第10章为中部农区农户务工区位选择影响因素。对农户务工区位的研究是认识农民工流动空间规律的基础。本章通过对河南省南阳市三个不同类型样本村的实证研究发现，务工者不同的个人特征、家庭特征和社区特征对其务工地的选择具有重要影响。其中个人特征中的性别对务工空间、年龄对务工距离及务工空间具有显著影响；家庭特征中的家庭类型对务工距离、家庭代数和家庭上学子女数量对务工距离和务工空间具有显著影响；社区特征中的村经济发展水平、村地形对务工空间具有显著影响，农户关系网络对务工地的选择具有关键作用。农户对务工地的选择是在能够预期取得一定收入的前提下，综合考虑个人、家庭和社区因素的结果，地理环境因素对务工地的选择具有重要影响。

第 11 章为中部农区农民期望务工距离研究。期望务工距离反映了农民务工地决策中的距离选择偏好，对其研究有助于在微观层面了解农民工流动的倾向和规律。本章通过对河南省南阳市三个不同类型样本村的实证研究，发现务工者的期望务工距离整体分散、局部集中，具有"U"形分布规律，同时具有一定惯性，但整体而言仍以本地为主。在期望务工距离选择模型中，年龄、上学年限、家庭人口、经济发展水平、地形等因子达到了显著水平。年龄较大者、学历较低者、家庭人口较多者期望在本地务工的概率较大，经济较发达村和地形起伏度较大村的务工者，期望在本地务工的概率较大，反之亦然。

第 12 章为专业村形成历程及影响因素研究。专业村发展对于大范围提高农户收入具有重要作用。本章通过对豫西南 3 个样本专业村 121 户专业农户的调查分析，发现专业村是在利用当地资源的基础上，在能人的带动下逐渐发展形成的，其发展历程服从"S"形曲线创新传播规律。其中，资源等地理环境因素起基础作用，初期接受者或能人在发展过程中起核心作用，政府行为可加快其发展过程，农户尤其是家庭中的"顶梁柱"的财商对农户专业项目的发展及其时间早晚具有重要影响，多数农户对专业项目的接受是通过模仿方式实现的。在农区发展中，可将建设专业村作为重要途径。

第 13 章为公众可持续发展基本意识调查与分析。具备可持续发展基本意识是公众参与可持续发展的前提和基础。本章采用问卷调查方法和 GLM 模型，以地方 21 世纪议程南阳试点为例，基于 7 765 份调查问卷，论述了公众可持续发展基本意识的特点和人群差异。

研究发现，公众可持续发展基本意识在年龄、职业、县（市、区）、城乡、收入等方面差异显著，但是在性别、地形方面差异不显著。在不增加消费成本的情况下，公众可持续发展基本意识与公众可持续发展行为取向显著正相关，但是在增加消费成本的情况下，则行为取向滞后。公众可持续发展基本意识评估值整体上较高，但仍有少部分人缺乏最基本的可持续发展知识和观念。

第 14 章为区域可持续发展评估的公众参与视角。公众参与区域可持续发展评估是公众参与可持续发展的重要途径之一，由公众参与的评估结果更切合区域实际并易于公众认可。本章从公众参与视角出发，依据大众性、科学性、简明性与动态性原则，设计了由 18 个指标构成的区域可持续发展指标体系框架及调查问卷，并分析了可持续发展趋势与等级确定方法。以地方 21 世纪议程南阳试点为例，研究了公众参与的区域可持续发展评估的方法，研制了可持续发展"晴雨表"。

（三）

本书内容主要来自作者过去所发表论文，其中多数为独立成果，也有少量为合作成果，在此对论文其他作者表示感谢。至 2022 年 4 月，作者共发表中英文论文 60 余篇，其中第一作者和通讯作者论文 40 余篇，本书所载论文只是其中的一部分。此外，本书部分章节也在以往的专著中有所出现。编写整理完本书，心中难免感慨万千。和地理学打交道已经有 40 余年，其中从事地理教学和科研工作也已 39 年。总体感觉，地理学是一门有趣且有用的学科，山脉、河流、地质、地貌、风景、城市、农村、交通、人口等都是地理学的研究内容，学习和研究地理，不仅能认识自然，而且能融入自然；不仅能了解城乡，而且能对城乡发展进行规划。古人云"上知天文，下知地理"，如今地理工作者更是知识渊博，富有创新能力，尤其是在现代信息技术工具的武装下，地理学者更是能很好地解决现实的地理问题。近 40 年的教学生涯，教过很多学生，结识了很多同行，这些都成为人生中的美好回忆。尤其是在担任硕士生导师和导师组长后，看着一届届的研究生顺利毕业并走上工作岗位，满满的成就感油然而生。30 多年地理科研生涯，发表过多篇论文，完成过不少项目，出版过一些著作，形成了一些想法，这些都成为人生最重要的财富。担任地理学河南省重点学科带头人（第八批和第九批）、河南财经政法大学学术委员会委员（第一届、第二届和第三届）和河南省学位委员会第四届学科评议组评审专家（人文地理学）的经历，也成为一生中最值得骄傲的地方。

感谢国家自然科学基金项目（41771190，41271192）对出版本书的资助！

最后，期望地理学的明天更美好！

高更和

于郑州龙子湖畔

2022 年 4 月 26 日

目　　录

第一篇　农民工回流区位研究

第1章　农民工回流务工区位研究 …………………… 3

　1.1　数据来源与研究方法 ………………… 6

　1.2　回流务工区位特征 ………………… 9

　1.3　影响因素分析 ………………… 14

　1.4　结论与讨论 ………………… 21

　参考文献 ………………… 23

第2章　中部农区农民工多阶流动及影响因素研究 …………… 29

　2.1　数据来源与研究方法 ………………… 31

　2.2　农民工多阶流动特征 ………………… 33

　2.3　影响因素分析 ………………… 37

　2.4　结论与讨论 ………………… 43

　参考文献 ………………… 44

第3章 省际流动农民工回流区位及影响因素研究 ……………… 47

　　3.1 数据来源、样本概况与研究方法 ……………… 49

　　3.2 农民工回流区位特征 ……………… 52

　　3.3 影响因素分析 ……………… 54

　　3.4 结论 ……………… 59

　　参考文献 ……………… 60

第二篇 农民工与农户务工区位研究

第4章 中部农区农户打工簇研究 ……………… 67

　　4.1 数据来源与研究区域选择 ……………… 69

　　4.2 村农户打工区位选择：打工簇 ……………… 71

　　4.3 打工簇的形成 ……………… 74

　　4.4 结论与政策建议 ……………… 80

　　参考文献 ……………… 81

第5章 农民工务工目的地分布研究 ……………… 84

　　5.1 数据来源 ……………… 85

　　5.2 务工目的地分布 ……………… 87

　　5.3 务工目的地选择因素分析 ……………… 90

　　5.4 目的地因素对务工地选择的影响 ……………… 94

　　5.5 结论与讨论 ……………… 97

　　参考文献 ……………… 98

第 6 章　中部农区农户打工距离研究 ·············· 101

　6.1　数据来源与研究区域选择 ·············· 102

　6.2　打工地距离分布 ·············· 104

　6.3　打工区位选择因素分析 ·············· 107

　6.4　结论与讨论 ·············· 111

　参考文献 ·············· 112

第 7 章　中部农区农户打工地城镇规模类型 ·············· 114

　7.1　数据来源与研究区域选择 ·············· 115

　7.2　农户打工地城镇规模类型的分布 ·············· 117

　7.3　农户打工地城镇规模类型回归概率模型 ·············· 120

　7.4　结论与政策含义 ·············· 125

　参考文献 ·············· 126

第 8 章　农民工务工地非稳定性研究 ·············· 129

　8.1　数据来源与研究方法 ·············· 131

　8.2　务工地非稳定性特征分析 ·············· 134

　8.3　影响因素分析 ·············· 137

　8.4　结论与讨论 ·············· 144

　参考文献 ·············· 146

第 9 章　农民工初终务工地空间变动研究 ·············· 150

　9.1　数据来源与样本概况 ·············· 152

9.2 农民工初终务工地空间变动特征 ················ 154

9.3 影响因素分析 ···································· 157

9.4 结论 ·· 163

参考文献 ·· 164

第10章 中部农区农户务工区位选择影响因素 ········ 168

10.1 数据来源与研究区域选择 ···················· 169

10.2 理论分析与研究假设 ························ 171

10.3 变量设计与说明 ···························· 174

10.4 模型与讨论 ································ 176

10.5 结论与政策建议 ···························· 182

参考文献 ·· 184

第11章 中部农区农民期望务工距离研究 ············ 187

11.1 数据来源与研究区域选择 ···················· 188

11.2 农民期望务工距离及其选择动因 ············ 190

11.3 期望务工距离选择模型及影响因素 ········ 194

11.4 结论与政策含义 ···························· 196

参考文献 ·· 198

第三篇　专业村形成历程研究

第12章 专业村形成历程及影响因素研究 ············ 203

12.1 样本选择与样本概况 ························ 204

12.2 专业项目发展对农户收入的影响 ·············· 206

12.3 专业村形成历程 ·········· 207

12.4 专业农户扩散方式 ·········· 211

12.5 专业村形成影响因素分析 ·········· 213

12.6 结论与政策含义 ·········· 216

参考文献 ·················· 217

第四篇 公众可持续发展参与研究

第 13 章 公众可持续发展基本意识调查与分析 ·········· 221

13.1 数据来源与处理 ·········· 222

13.2 调查结果分析 ·········· 224

13.3 可持续发展基本意识的人群差异分析 ·············· 230

13.4 结论与政策建议 ·········· 233

参考文献 ·················· 235

第 14 章 区域可持续发展评估的公众参与视角 ·············· 237

14.1 指标体系构建、评估方法与评估结果的运用 ········ 238

14.2 南阳试点实证分析 ·········· 243

14.3 结论 ·················· 248

参考文献 ·················· 249

第一篇　农民工回流区位研究

2008 年爆发的金融危机，导致我国沿海地区部分出口导向型企业效益下滑或者倒闭，致使大量农民工被迫还乡。但近些年来（尤其是 2011 年以来）由于产业转移和内地县域经济的发展，使中西部地区吸纳剩余劳动力的能力大为增强，从而致使大量农民工在本地就业或者从沿海等地区返回至家乡附近就业或者创业。长期以来形成的乡城流动和外出流动的人口流动格局发生了明显变化，如今外流与回流态势并存，且回流趋势发展良好。可以预见，未来随着我国区域经济的协调发展，回流务工和返乡创业将成为农村人口流动的常态。本篇主要从微观视角对农民工回流区位进行研究。

第1章

农民工回流务工区位研究

随着我国中西部县域经济的发展，越来越多的农民工回流至本省或本地务工或创业，长期形成的人口乡城流动格局正在发生重要变化。据监测统计，2018 年全国外出农民工中，省外就业人数比上年减少1.1%，省内就业比上年增加1.7%，省内所占比重较上年提高0.7%，而省外下降0.7%。与此同时，在外出农民工中，进城农民工1.35 亿人，比上年减少204 万人，下降1.5%（国家统计局，2019）。作为我国的农民工大省，河南省从2011 年开始，省内农村劳动力转移就业人数已连续8 年高于向省外输出农村劳动力人数，农村劳动力逐步向省内回流。我国传统的"自西向东的人口梯度流动模式"已经被"东强西弱的非对称双向流动模式"取代，人口回流的趋势已不容忽视（豆晓等，2018）。

规模不断增大的农民工回流引起了国内学者们的关注，近年来相关成果不断增多，研究领域主要集中于回流的动因、回流的区域影响、促进回流和创业的政策措施等方面。农民工回流虽然是自身微观因素作用的结果，但受到国家宏观经济政策等因素的制约，同时也受到社区、城市等中观因素的影响（高更和等，2019）。年龄、性别、学历等个人因素，及婚姻、家庭劳动力禀赋、家庭社会资本及物质资本对回流决策有显著影响（王子成、赵忠，2013；甘宇，2015；张丽琼等，2016；陈晨，2018；张甜等，2017）。国家实施地向中西部产业转移的政策及中西部地区地方经济的发展，成为影响农民工回流的根本原因。城市长期社会保障的缺失和农村社会保障的逐步完善是导致农民工回流的重要因素（余运江等，2014；石智雷、薛文玲，2015）。农民工的返乡回流意愿与社区的社会经济特征、地区特征都有着十分密切的联系（张丽琼等，2016），农村流动人口所处的社会、文化、城市环境均对其回流创业行为产生影响（冯建喜等，2016）。多数研究认为，回流存在合理性，农民工回流后的务工和创业，对农村地区的经济发展产生了正面影响，尤其是在返乡创业方面，大多数研究都保持了乐观的态度，特别强调了农民工回流是推动我国新型城镇化战略实施的重要途径（任义科等，2017；门丹、齐小兵，2017）。但是也有学者认为，回流可能加剧人地矛盾，重拾农业碎片化经营模式（杨智勇、李玲，2015），回流行为是职业福利降低的结果，是对职业损益的一种理性反应（Kou et al.，2017）。由于回流对农村地区经济社会发展具有积极作用，一些研究支持通过各种政策和优惠措施促进农民工回流和返乡创业，实现就地就近城镇化（任义科等，2017；陈文超等，2014；戚迪明等，2014）。

国际上对跨国回流移民也进行过类似的研究，但较少关注国内各地区内部的人口回流。由于人口流动本身就包含不同方向的流动，一些理论在较早时期就对回流动因进行了理论解释，例如新古典经济学、推拉理论、新劳动力迁移经济学（Bogue，1959；Lee，

1966；Todaro，1976）及后来的结构主义、跨界社会网络理论等（Cassarino，2004；Lewis and Williams，1986）。此外，反向文化冲击模型、文化适应策略框架、文化认同模型等心理学模型也对回流进行了分析（Gullahorn and Gullahorn，1963；Berry，1997；Sussman，2002）。对回流的影响因素研究长期以来受到重视，涉及到个人、家庭、收入、社会网络、心理、文化等因素。年龄、性别、技能和文化程度等个人因素是回流的主要原因（Hare，1998），家庭联系、社会网络对回流决策具有重要影响（Haas et al.，2015），在务工地较低的收入和高失业风险（Bastia，2011；Kerpaci and Kuka，2019）及母国经济发展水平的提高将增加回流的概率（Sadowski-Smith and Li，2016），在输入国的文化整合和语言适应程度对务工者的去留产生重要影响（Haas et al.，2015；Constant and Zimmermann，2012）。在对回流的评价方面，并未形成共识，一些学者认为回流是负向选择的结果，可能带来负面影响（Hirvonen and Lilleør，2015；Woodruff and Zenteno，2001），而有些学者则认为是正向选择，对母国经济和社会发展具有积极作用（Haas and Fokkema，2011；Démurger and Xu，2010；Choudhury，2016；International Organization for Migration，2014；Gaulé，2014）。

　　回流务工区位决策是农民工回流后必然面对的现实问题。绝大多数农民工回流后仍采取工资性收入策略，只有少数进行创业活动，也有个别退出劳动力市场。回流务工区位不仅是其回流后经济活动的主要区位，同时对居住和购房区位具有重要影响。目前对回流务工区位的研究成果较少，已有的个别成果也只是提及县城、镇为其主要回流选择地或期望选择地（张甜等，2017；王利伟等，

2014），但较少对回流务工区位进行深入研究。本章采用河南省 45
个村的田野调查数据，对农民工回流务工区位选择及影响因素进行
研究，以期丰富行为区位理论和人口流动理论，并为乡村振兴战略
及新型城镇化战略的实施提供参考。

1.1　数据来源与研究方法

1.1.1　研究区域选择

选择河南省作为研究案例区的主要原因是其具有较强的典型性
和代表性。河南省为我国传统的农业大省，农民工数量巨大，总量
达 3 000 万人左右（陈润儿，2019），一般占到全国农民工总量的
10% 左右，其中，外出农民工数量 1 300 万人左右，常居全国农民
工数量省区排名前列。近些年来，河南省回流农民工数量也较多，
2019 年累计返乡创业达 130.23 万人，带动就业 813.57 万人（陈润
儿，2019），回流农民工正在成为县域经济发展的重要力量。

1.1.2　数据来源

研究所采用数据来自于作者组织的田野入户调查。调查在 2019
年 2 月份农历春节期间进行，因为此时绝大多数农民工都要回村过
年或看望家人、亲戚或朋友，调查员方便对其进行面对面访谈。调

查员为河南财经政法大学的本科生或研究生，共 45 人，调查前这些调查员均进行过培训和模拟调查。调查问卷由作者设计，问卷内容主要包括被试者个人概况、家庭概况、回流前务工情况、回流后务工或待业或退休等情况、回流后居住情况等。此外，对村干部也进行了村庄社会经济发展概况的访谈和调查。

根据地形、经济发展水平、距城市距离、行政区划、回流农民工数量等情况，考虑到数据的可得性，随机选择 45 个村进行问卷调查（见表 1 - 1）。样本村分布如下：平原 28 个，丘陵 9 个，山区 8 个；经济发展水平高（农民人均纯收入 $M \geq 1$ 万元）9 个，中 23 个（0.3 万元 $< M < 1$ 万元），低 13 个（$M \leq 0.3$ 万元）；近郊（距离地级市建成区边界 $N \leq 35$ 千米）13 个，中郊（$35 < N < 80$ 千米）20 个，远郊（$N \geq 80$ 千米）12 个。此外，还要确保每个地级市至少有 1 个以上的样本村。为保证被试者的随机分布，在样本村内，逐小组或逐街道进行问卷调研，每村问卷总量控制在 30 ~ 50 份。调查结束后，对问卷进行录入和编码，删除掉 21 份无效问卷后，形成由 1 606 个样本构成的数据库（每个样本 86 个属性数据），其中，回流后务工样本 901 个，本数据库成为本章研究的基础。

表 1 - 1　　　　　　　　　样本村分布

样本村	县区（县级市）	样本村	县区（县级市）	样本村	县区（县级市）
焦行村	浚县	连岑村	鹿邑县	刘畈村	商城县
陈庄村	泌阳县	田堂村	汝州市	张吴楼村	项城市
留村	滑县	中街村	上蔡县	西南庄村	安阳县
姚庄村	襄城县	奎文村	西峡县	老唐庄	沈丘县
宋圪当村	原阳县	小五村	新野县	薛庄村	方城县
南旺村	华龙区	翟泉村	孟津县	刑桥村	汝南县

样本村	县区（县级市）	样本村	县区（县级市）	样本村	县区（县级市）
郜村	卫辉市	白楼村	郸城县	八里庙村	尉氏县
阳驿东村	宁陵县	罗岗村	内乡县	周庄村	新城区
程庄村	柘城县	陈村	渑池县	机房村	博爱县
范里村	卢氏县	郭集村	淮滨县	马庄村	山阳区
南丰村	洛宁县	舜帝庙村	伊滨区	井沟村	新安县
小庄村	扶沟县	汤庄村	通许县	肖庄村	汝阳县
金岸下村	长垣县	仝庄村	汤阴县	东周村	伊川县
贾庄村	舞阳县	龙卧坡村	长葛市	老庄村	虞城县
聚台岗	太康县	大路王村	鄢陵县	四合村	巩义市

1.1.3　样本概况

务工样本被试者共 901 位，分布较为分散。其中，男性占比 68.04%，女性占比 31.96%，男性多于女性；已婚者占比 83.69%，未婚者占比 16.32%，以已婚者为主；年龄上以 21～50 岁为主，占比达 81.13%，其次为 51～60 岁，占比为 14.10%，61 岁以上及 20 岁以下很少；学历以初中（占比 49.83%）、高中（20.31%）和小学（15.54%）为主，其余较少；省外回流者占比 72.81%，省内回流者占比 27.19%，回流者主体为省外回流者。

1.1.4　研究方法

采用描述性统计分析方法，对各类指标进行统计分析，采用二元逻辑回归方法（binary logistic regression analysis）进行影响因子的识别。具体操作在 SPSS13.0 软件中进行。

二元逻辑回归模型通过拟合解释变量与事件发生概率间的非线性关系，进行事件发生概率估计（张广海等，2017）。设 X_1，X_1，X_2，…，X_n 为 n 个自变量，代表每个样本的第 n 个特征。考虑 n 个具有独立变量的向量 $X = (X_1，X_2，…，X_n)^T$，表示影响事件 A 发生概率的因素（其中 T 代表转置运算）。记 $P(x)$ 表示 A 事件发生的概率。若令 $P(x) = f(X_1，X_2，…，X_n)$，则可将 $\ln\{P(x)/[1 - P(x)]\}$ 简记为 $F(X_1，X_2，…，X_n)$，易知 $F(X_1，X_2，…，X_n) = \beta_0 + \beta_1 X_1 + \beta_2 X_2 + \cdots + \beta_n X_n$，其中 β_0 为截距，$\beta_1 \sim \beta_n$ 分别为各自变量的偏回归系数。故

$$P(x) = \frac{\exp\left(\beta_0 + \sum_{k=1}^{n} \beta_k X_k\right)}{1 + \exp\left(\beta_0 + \sum_{k=1}^{n} \beta_k X_k\right)} \qquad (1-1)$$

上式为二元逻辑回归模型，其中系数 β_0、$\beta_1 \sim \beta_n$ 可通过极大似然参数估计迭代计算得到。

1.2　回流务工区位特征

农民工回流是指农民工务工地距离的显著缩小现象（以村庄为中心）。根据回流前务工地的空间分布情况，可划分为从省外回流和从省内回流两类（分别简称为省外回流和省内回流），其中，前者指原来在省外务工，后回流到省内某地尤其是家乡附近地区；后者指原来在省内较远的地方务工，后回流到家乡附近地区。根据回流后务工地的行政属性，可把回流务工地划分为中心城市（中心城

区）、县城、乡镇中心地（简称集镇）和村庄四类。

1.2.1 省外回流

从省外回流的农民工，主要回流至县城和村庄，其次为中心城区和集镇。据调查统计，省外回流者总样本数为659人，其中，回流至县城274人，占比41.58%；回流至村庄171人，占比25.95%，二者合计占比为67.53%（见表1-2）。县城作为区域的中心地，近年来随着县域经济的发展得到较大发展，县城已从单纯的区域行政管理中心转变为区域的经济中心。因为较低的地价和较为丰富的资源，县城逐渐成为第二、第三产业的集聚中心，从而成为吸引农民工回流的主要载体。此外，县城较低的房价，也成为农民工回流定居的重要区位，依据居住区位而选择务工地，使县城成为回流务工地的主要选项。与此同时，县城数量多、分布广，距农民工所在村庄距离较近，如果县城有合适的工作岗位，农民工往往会将其作为首选。村庄是农民生存的根基，村庄往往具有较为丰富的土地资源，依托土地的农业企业或者非农业企业，也成为农民工务工的重要选项。也有不少农民工经过长期务工的资金积累，在村庄或附近地区经商或开办小型加工业，致使村庄成为回流就业的重要阵地。回流至中心城区的务工者占比17.75%，回流至集镇的占比为14.72%，均占比较小。中心城区指地级市的建成区，虽然第二、第三产业相比县城具有较大的优势，但由于距离村庄较远，回流者并不多。集镇虽然距离村庄较近，但集镇的经济规模和就业能力较小，因而吸引回流者的能力也有限。

表 1 - 2　　　　　　　不同回流源地的回流务工区位分布

区位	省外回流		省内回流		合计
	人数（人）	占比（%）	人数（人）	占比（%）	
中心城区	117	17.75	24	9.91	141
县城	274	41.58	95	39.26	369
集镇	97	14.72	52	21.49	149
村庄	171	25.95	71	29.34	242
合计	659	100	242	100	901

1.2.2　省内回流

省内回流者主要回流至县城和村庄，其次为集镇，中心城区占比较小。据调查统计，从省内其他地方回流至县城的人数为 95 人，占比 39.26%，回流至村庄 71 人，占比 29.34%，二者合计占比为 68.60%（见表 1 - 2）。由此可以看出，和省外回流相似，县城和村庄为农民工回流最主要的务工区位类型。但和省外回流不同的是，省内回流至集镇的占比更大（高出省外 6.77 个百分点），而中心城区则更小（低于省外回流 7.84 个百分点）。原因与务工区位的路径依赖有关。省外务工者多数在中心城市务工，较少在集镇务工，回流后他们多数仍选择省内的中心城市，较少选择在集镇务工，而省内则相反。故省外回流者在中心城区务工的概率大于省内回流者，而在集镇务工的概率则是省内回流者大于省外回流者。

综合考虑省外回流和省内回流，在回流区位上，主要集中于县城和村庄，中心城区和集镇的回流规模基本相当。在 901 个回流样本中，回流至县城 369 人，回流至村庄 242 人，合计占比达到

67.81%。回流至中心城区、集镇分别为141人和149人，二者分别占比为15.65%和16.54%。由此可知，县城是回流者的最重要选择地，其原因是县城距离村庄较近，较易取得工作岗位，也可能县城是其居住区位。因此，应将县城作为农区发展和农区城镇化的重点对待。

1.2.3 非本属区位

无论是省外回流者还是省内回流者，多数回流于家乡所在的行政区域系统中的不同区位（本属区位），但也有少部分回流至其他区位（非本属区位）。据调查统计，回流至非本属区位务工者共124人，仅占回流务工者总样本（901人）的13.76%，人数较少，其余777例为本属区位。这表明，农民工回流区位主要选择的是本属区位。中国的行政区划历史悠久，具有较大的合理性。这种区划不仅与经济发展相联系，而且也与自然环境有关，村民对行政区划空间的认知较为肯定且较为稳定，所获信息也较为丰富，再加上距离较近，故农民工回流区位的选择以本属区位为主。但由于种种原因，仍有少部分回流者也选择了非本属区位

非本属区位选择中，非本属—附近成为主要选项，选择非本属—省会者较少，距离是影响务工地选择的重要因素。根据距离远近，可以将非本属区位划分为非本属—省会（Ⅰ类）、非本属—附近（Ⅱ类）和非本属—外地（Ⅲ类）3类，其中，Ⅰ类指非郑州市籍农民工选择郑州（省会）作为务工地，Ⅱ类指选择与家乡交界的附近地区作为务工地（但不属于本行政区域系统），Ⅲ类指上述2类外的其他区位（一般距离家乡较远）。据调查统计，选择Ⅰ类区

位务工者 39 例，占 31.45%，Ⅱ类 72 例，占 58.07%，Ⅲ类 13 例，占 10.48%，可见Ⅱ类区位比重最高，Ⅲ类最少（见表 1-3）。由此可以认为，回流者在非本属区位选择中，主要以家乡邻近地区作为首选，其次为省会，而到远离家乡其他地区务工的较少。距离在回流者务工区位选择中具有重要作用。选择省会较少的原因，除了与距离有关外，还可能与省会较高的生活成本有关。

表 1-3　　　　　　　　回流务工者的非本属区位选择

非本属区位	省外回流				省内回流				合计
	中心城区	县城	集镇	村庄	中心城区	县城	集镇	村庄	
省会郑州（Ⅰ类）	35	1	2	0	1	0	0	0	39
附近（Ⅱ类）	9	38	8	8	0	3	5	1	72
外地（Ⅲ类）	5	5	1	1	0	1	0	0	13
合计	49	44	11	9	1	4	5	1	124

　　非本属区位选择者主要以省外回流为主，中心城区和县城是其主要选择地。据调查统计，非本属区位选择者中，省外回流者 113 例，占 91.93%，省内回流者仅 11 例，占比 8.87%，表明省内回流者主要选择了本属区位，省外回流者中只有少部分选择了非本属区位（尽管省外回流者占非本属区位选择者的比重较大）。省内回流者主要选择本属区位，主要是出于对务家的需求，收入高低因子并不重要（因省内地区间工资差异较小），相反，省外回流者由于在外省取得过较高的工资收入，对收入高低因素较为重视，因此选择省会和中心城区的人数较多，同时选择县城的比例也较大，而选择集镇和村庄的比例则较小（见表 1-3）。

1.3 影响因素分析

1.3.1 变量选择

根据相关理论和参考相关研究成果，影响农民工回流务工区位选择的因素可概括为个人因素、家庭因素、社区因素和务工因素四类（甘宇，2015；陈文超等，2014；张广海等，2017；曾文凤、高更和，2019；杨慧敏等，2014），具体见表 1-4。根据行为学行为规律理论（戴延平，2012），个体特性是人类行为决策的基础，农民工具有的不同个体特征对其行为和决策具有重要影响。个人因素包括年龄、性别、婚姻、学历、技能等，不同性别、不同婚姻状况和不同年龄阶段的个体，其行为目的具有较大差异，不同学历和不同技能及是否拥有技能，对工作选择具有重要影响。家庭经济学认为，个人决策是整个家庭决策的一部分，个人行为符合家庭收益最大化的要求，家庭社会学（朱强，2012）认为，家庭成员在家庭中承担家庭义务和享受权利方面具有不同的模式，故家庭人口数量、家庭代数、抚养比等因子影响家庭成员个人的务工决策，家庭所拥有的生产资料（如耕地）状况对其生产经营行为有重要影响，家庭居住区位影响生产生活等活动的空间和地理范围。村庄社区作为农民工的出生地、成长地和农业生产活动及社会活动的基地，对农民工务工区位决策有重要影响。村务工人数、村务工比、村回流比等衡量农民工规模和回流规模指标，反映了村庄社区内部务工信息的丰富程度和务工社会环境，影响着农民工回流、务工等决策。村人均收入的高低，标志着村庄经济社会的发达程度，对农民工务工的收入预期具有重要影响。村庄距离中心城市的远近，决定着通勤的时间成本，影响务工者对务工地的选择。村庄所处地形，反映了地理环境及交通环境的状况，对农民工务工地决策具有一定意义。农民工务工是一个连续过程，以往的工作经历可对后续务工产生影响，回流前的务工状态影响回流后的工作性质和对工作地点的选择。务工因素主要以回流前最近一次的务工状况衡量，包括务工地类型、务工地范围属性（回流源地）、务工距离、务工时间及回流时长（最近一次务工结束至调查时的持续时间）等。

表 1-4　　　　　　　　　　变量定义

因素	因子	赋值	含义
个人因素	年龄	实际值（岁）	被试者的实际年龄
	学历	实际值（年）	被试者实际受教育年限
	性别	1 男；0 女	哑变量，被试者性别
	婚姻	1 已婚；0 未婚	哑变量，被试者的婚姻状况，离异属于已婚
	技能	1 有；0 无	哑变量，被试者是否具有一定的劳动技能
家庭因素	家庭人口	实际值（人）	被试者家庭的总人口数
	家庭代数	实际值（代）	被试者家庭由几代人组成
	扶养比	实际值	被试者家庭被扶养人口除以劳动力人口
	耕地	实际值（亩[a]）	被试者家庭承包的耕地面积
	居住区位	1 村；0 非村	哑变量，被试者家庭是否居住在村庄
	家庭经济地位	1 差；2 中；3 好	哑变量，被试者对本家庭在村中经济状况的评价

因素	因子	赋值	含义
社区因素	村人均收入	实际值（元）	调查年份村农民人均纯收入
	村务工人数	实际值（人）	调查年份村务工人数
	村务工比	实际值	调查年份村务工人数除以村总人口
	村回流比	实际值	调查年份村回流人数除以务工人数
	距城市距离	实际值（千米）	村到本行政区地级市的直线距离
	村地形	1 平原；2 丘陵；3 山区	哑变量，村庄所在地区地形分类
务工因素	回流时长	实际值（年）	被试者回流返乡的时间长短
	前务工时间	实际值（年）	被试者回流前最近一次务工工作持续时间
	前务工距离	实际值（千米）	被试者回流前最近一次务工的工作地到村庄的距离
	回流源地	1 省外；0 省内	哑变量，被试者回流前最近一次务工所在省份
	前务工地类型	1 城区；2 县城；3 集镇；4 村庄	哑变量，被试者最近一次务工工作地中心地类型

注：[a] 本书中计量单位原则上采用法定计量单位，因农业中实际采用"亩"为单位的情况较多，故遵从此习惯，1 亩≈0.0667 公顷，全书同此。

1.3.2　模型运算

回流后务工地类型包括中心城区、县城、集镇和村庄四类，限于篇幅，本章将其合并为城市（包括中心城区和县城）和乡村（包括集镇和村庄）两类进行影响因素的分析。因为因变量为二分变量（城市取值为 1，乡村为 0），故采用二元逻辑回归进行分析。将因变量和自变量输入 SPSS13.0 中 Binary Logistic Regression 模块中进行运算，可得到表 1-5 的回归结果。经相关系数检验分析，自变量之间不存在高度自相关关系。模型参数 Omnibus 检验达到显著性水平（sig. =0.0000），模型通过 H-L 检验（sig. =0.1303）。模型的

表1-5　　二元逻辑回归结果

因素	因子	B	S.E.	Wald	df	Sig.	Exp(B)	95.0% C.I. for EXP(B) Lower	95.0% C.I. for EXP(B) Upper
个人	年龄	-0.0216	0.0090	5.8193	1	0.0159	0.9786	0.9616	0.9960
	学历	-0.0028	0.0347	0.0064	1	0.9361	0.9972	0.9316	1.0675
	性别	-0.2140	0.1709	1.5676	1	0.2106	0.8074	0.5776	1.1286
	婚姻	0.1343	0.2672	0.2526	1	0.6152	1.1437	0.6774	1.9310
	技能	0.2518	0.1685	2.2332	1	0.1351	1.2863	0.9246	1.7896
家庭	家庭人口	-0.1292	0.0752	2.9518	1	0.0858	0.8788	0.7583	1.0184
	家庭代数	0.3735	0.1863	4.0197	1	0.0450	1.4529	1.0084	2.0932
	扶养比	-0.0277	0.1291	0.0461	1	0.8299	0.9727	0.7552	1.2527
	耕地	-0.0208	0.0324	0.4138	1	0.5201	0.9794	0.9191	1.0436
	居住区位	1.6924	0.1941	76.0378	1	0.0000	5.4327	3.7137	7.9473
	家庭经济地位			1.8078	2	0.4050			
	家庭经济地位（差）	-0.5401	0.4198	1.6556	1	0.1982	0.5827	0.2559	1.3266
	家庭经济地位（中）	-0.3329	0.2933	1.2880	1	0.2564	0.7169	0.4035	1.2738
社区	村人均收入	0.0001	0.0000	4.3272	1	0.0375	1.0000	0.9999	1.0000
	村务工人数	-0.00005	0.0002	0.0958	1	0.7569	0.99966	0.9997	1.0003

续表

因素	因子	B	S. E.	Wald	df	Sig.	Exp(B)	95.0% C. I. for EXP(B)	
								Lower	Upper
社区	村务工比	0.5481	0.7422	0.5453	1	0.4602	1.7300	0.4039	7.4105
	村回流比	1.3789	0.5886	5.4877	1	0.0192	3.9706	1.2526	12.5866
	距城市距离	-0.0065	0.0020	10.2112	1	0.0014	0.9936	0.9896	0.9975
	村地形			2.5387	2	0.2810			
	村地形（平原）	-0.3251	0.2452	1.7574	1	0.1850	0.7225	0.4468	1.1683
	村地形（丘陵）	-0.4731	0.3055	2.3982	1	0.1215	0.6231	0.3424	1.1339
	回流时间长短	0.0005	0.0186	0.0006	1	0.9798	1.0005	0.9646	1.0376
	前务工时间	-0.0120	0.0241	0.2477	1	0.6187	0.9881	0.9424	1.0359
	前务工距离	0.0002	0.0001	1.8692	1	0.1716	1.0002	0.9999	1.0004
	回流源地	-0.1551	0.2276	0.4642	1	0.4957	0.8564	0.5482	1.3378
务工	前务工地类型			25.3849	3	0.0000			
	前务工地类型（中心城区）	1.3305	0.3389	15.4157	1	0.0001	3.7828	1.9470	7.3495
	前务工地类型（县城）	1.2102	0.3901	9.6235	1	0.0019	3.3541	1.5614	7.2051
	前务工地类型（集镇）	0.3983	0.3947	1.0186	1	0.3129	1.4894	0.6871	3.2282
	Constant	-0.1228	0.9618	0.0163	1	0.8984	0.8844		

注：上述哑变量的比较对象分别是——性别：男；婚姻：已婚；技能：有技能；居住区位：非村；家庭经济地位：好；村地形：山区；回流源地：省外；前务工地类型：村庄。

Cox & Snell $R^2 = 0.1765$，Nagelkerke $R^2 = 0.2368$，模型预测准确率为 66.26%（切割值为 0.500），可以很好地满足分析要求。

1.3.3　结果分析

个人因素中的年龄达到显著性水平。年龄因子的系数为负，表明年龄越大的回流者，越趋向于在乡村区位中务工，而年龄越小的回流者，越趋向于在城市区位中务工。年龄是表征回流者个体特征的重要指标，随着年龄的增长，务工者的体能降低，对收入高低的敏感性也会降低，而对自身健康和家庭的关注则会增强。年龄较长者，只要在家乡附近能获得合理的收入（尽管不高），其满意度就很高。因此，其多在本村或者附近的集镇上寻找工作。年龄较小者则对收入高低考虑较多，往往回流至中心城区或者县城寻找工作。因此，年龄对回流务工区位选择具有的负相关效应。

家庭因素中的家庭人口、家庭代数和居住区位等因子达到了显著性水平。家庭人口是衡量家庭规模的重要指标，该因子系数为负，表明规模较大的家庭中的回流者在乡村区位务工的概率较大。现代农村家庭多以核心家庭为主，样本调查统计的结果显示，家庭平均规模 5.07 人，多以夫妻 2 人加上自己的 2~3 个子女构成。但由于组成家庭成员的复杂性，单身家庭及两口之家、三口之家等较小规模家庭及较大的复合家庭也有存在。人口较多的家庭，家务负担相对较重，为了务家，家庭骨干成员往往采取就近务工的方式来兼顾照顾家庭和增加收入，故导致家庭人口规模在回流务工区位选择中的负向效应。家庭代数因子系数为正，则表明这种选择更多的是考虑务家中的照顾子女而不是父母或者祖父母。实际上,在现代商品经济发展过程中,农村社会结构发生较大变化,过去的复合大家庭已很少存在,传统的赡养关系也发生了很大变化。当然也不排除出于照顾长辈的原因而选择在村庄附近就业情况的存在,只不过这种情况较少发生,概率较小。居住区位因子达到显著性水平,表明和居住于村庄区位的回流者相比,居住于非村庄区位(如集镇、县城、城区等)的回流者较多地选择在中心城区、县城等区位务工,即务工区位与居住区位具有对等性。距离是影响回流者选择务工地的重要原因,虽然和外出相比,回流在很大程度上解决了空间距离问题,但在微观上,距离居住地的远近仍是务工区位选择的重要因素,与此对应,居住于村庄的回流者,选择在距离较近的乡村区位务工的概率较大。

社区因素中的村人均收入、村回流比和距城市距离达到了显著性水平。村人均收入因子系数为正,表明村人均收入越高的回流者,选择在中心城区和县城等区位务工的概率越大。但从模型结果看,该因子系数为0.0001,OR值为1.0001,说明这种效应强度较小。一般而言,务工的工薪收入在不同级别的中心地存在较大差异,等级越高,收入越高。人均收入较高、经济较为发达的村,回流者只能到能取得更高收入的区位务工,而不可能到工资较低的区位务工,除非在中心城区或县城等区位找不到工作或者受制于家庭等的牵绊。所以,收入较高的村庄,其回流者进入城市务工的概率较大。村回流比因子达到显著性水平,系数为正,表明回流比较高的村,回流者进入中心城区和县城务工的概率较大。回流比是指某村在调查时段,回流者人数占本村务工者总数的百分比。村回流比高，意味着回流趋势显著，较多回流者的信息交流和相互攀比使其对收入因素较为重视，故选择城市务工的概率较大。距城市距离因子达到显著水平，且系数为负，表明距离城市较远的村，回流者选择在集镇和村庄务工的概率较大。原因为我国的地级市往往具有较大的腹地范围，距离城市较远的村的回流者，可能更愿意在村庄附近地区寻找工作以便于处理家务。回流者之所以回流，最重要的机制是寻求务家和收入的平衡。故对于城市距离较远村的回流者而言，村庄、集镇等区位是其务工的重要选项。

务工因素中的前务工地类型因子达到了显著性水平。和前务工地在村庄相比，前务工地为城区、县城的回流者，继续选择在城区和县城务工的概率较大。长期在外地的中心城区和县城等工作的回流者，收入水平较高，回流后多数仍选择工资收入较高的中心城区和县城务工，而往往不愿选择收入较低的集镇和村庄务工。相反，原工作地为集镇和村庄等区位的务工者，可能适应了这种较低的收入和环境，故选择集镇和村庄的概率较大。这表明，由于收入"惯性"作用，务工区位等级具有路径依赖特征。

1.4　结论与讨论

回流已成为我国农民工空间流动的重要趋势，未来将重塑农村人口流动的空间格局。基于 901 份田野调查数据，采用描述性统计和二元逻辑回归方法，对农民工回流务工区位及影响因素进行了研究。通过研究可得到以下结论。

第一，农民工回流后务工区位选择主要以县城为主，其次为村庄，中心城区和集镇较少。县城作为回流务工的首选与距离较近、收入较高、工作机会较多及居住区位等有关，县城在回流务工区位中扮演着重要角色，应将县城作为农区发展和农区城镇化的重点对待。省外回流和省内回流是农民工回流的基本形式，但二者在回流务工区位的选择上存在一定差异，相对而言，省外回流较多选择中心城区作为务工地，省内回流则较多选择集镇作为务工区位。回流务工区位以本属区位为主，但也存在少量非本属区位。非本属区位中，非本属—附近为主要选项，其次为非本属—省会，而非本属—外地占比最少。距离在回流务工区位选择中具有重要作用。

第二，影响回流农民工务工区位选择的显著因子主要包括社区因素中的村人均收入和村回流比及距城市距离、个人因素中的年龄、家庭因素中的家庭人口和家庭代数及居住区位、务工因素中的前务工地类型等因子。农民工回流后，虽然整体上解决了距离问题，但仍在更小的空间尺度上继续存在务工和务家的平衡问题。社区的社会经济环境影响着回流者的务工区位决策，城市地理距离即使在回流后仍对回流者的务工地选择产生着影响。在一定程度上，随着务工者年龄的增长，村庄将成为其最终的归宿。务家中的照顾子女比照顾长辈重要，以子女为中心的家庭社会行为比较普遍。在回流务工区位选择上，存在路径依赖现象。

本章从回流者角度出发，基于微观视角，对农民工回流务工区位进行了研究，但农民工回流务工区位的选择行为受制于一定的社会经济结构，不同等级中心地的就业机会、工薪水平和居住功能等对回流者的吸引力应是进一步研究所关注的重点。本研究主要是基于河南省样本村调查数据所得结果，结论是否具有更大范围的适应性，需要不同学者结合不同地区进行实证研究。尽管本研究样本数量较大，但如果能获得更大的样本数据，将有利于对该问题的深入研究。

参 考 文 献

[1] 陈晨. 农民工首次返乡风险研究（1980~2009）——基于个人迁移史的事件史分析 [J]. 人口与经济，2018（5）：91-99.

[2] 陈润儿. 推进乡村振兴的一支重要力量——关于外出务工人员返乡创业情况的调查 [EB/OL].（2019-06-27）[2020-02-27]. http：//dy. 163. com/v2/article/detail/EINB2JKG0519D9DS. html.

[3] 陈文超，陈雯，江立华. 农民工返乡创业的影响因素分析 [J]. 中国人口科学，2014（2）：96-105.

[4] 戴延平. 基础行为学 [M]. 北京：作家出版社，2012.

[5] 豆晓，Blanca A，Josep R. 基于相互作用关系的中国省际人口流动研究 [J]. 地理研究，2018，37（9）：1848-1861.

[6] 冯建喜，汤爽爽，杨振山. 农村人口流动中的"人地关系"与迁入地创业行为的影响因素 [J]. 地理研究，2016，35（1）：148-162.

[7] 甘宇. 农民工家庭的返乡定居意愿——来自574个家庭的经验证据 [J]. 人口与经济，2015（3）：68-76.

[8] 高更和，曾文凤，罗庆，等. 国内外农民工空间回流及其区位研究进展 [J]. 人文地理，2019，34（5）：9-14.

[9] 国家统计局. 2018年农民工监测调查报告 [EB/OL].（2019-

04 - 29）［2020 - 03 - 07］. http：//www. stats. gov. cn/tjsj/zxfb/201904/ t20190429_1662268. html.

［10］林李月，朱宇. 流动人口初次流动的空间类型选择及其 影响因素——基于福建省的调查研究［J］. 地理科学，2014，34 （5）：539 - 546.

［11］门丹，齐小兵. 回流农民工就近城镇化：比较优势与现 实意义［J］. 经济学家，2017（9）：81 - 88.

［12］戚迪明，张广胜，杨肖丽，等. 农民工"回流式"市民 化：现实考量与政策选择［J］. 农村经济，2014（10）：8 - 11.

［13］任义科，宋连成，佘瑞芳，等. 属性和网络结构双重视 角下农民工流动规律研究［J］. 地理科学进展，2017，36（8）： 940 - 951.

［14］石智雷，薛文玲. 中国农民工的长期保障与回流决策 ［J］. 中国人口·资源与环境，2015，25（3）：143 - 152.

［15］王利伟，冯长春，许顺才. 传统农区外出劳动力回流意 愿与规划响应——基于河南周口市问卷调查数据［J］. 地理科学进 展，2014，33（7）：990 - 999.

［16］王子成，赵忠. 农民工迁移模式的动态选择：外出、回 流还是再迁移［J］. 管理世界，2013（1）：78 - 88.

［17］杨慧敏，高更和，李二玲. 河南省农民工务工地选择及 影响因素分析［J］. 地理科学进展，2014，33（12）：1634 - 1641.

［18］杨智勇，李玲. 论农民工"回流"现象的原因及其消极 影响［J］. 当代青年研究，2015（1）：94 - 100.

［19］余运江，孙斌栋，孙旭. 社会保障对农民工回流意愿有

影响吗？——基于上海调查数据的实证分析 [J]. 人口与经济，2014 (6)：102 – 108.

[20] 曾文凤，高更和. 中国中部农区农民工多阶流动及影响因素研究——以河南省6个村为例 [J]. 地理科学，2019，39 (3)：459 – 466.

[21] 张广海，赵韦舒，朱旭娜. 基于 Logistic 模型的乡村旅游住宿需求影响因素分析——以山东省乐陵市朱集镇为例 [J]. 中国石油大学学报 (社会科学版)，2017，33 (3)：22 – 28.

[22] 张丽琼，朱宇，林李月. 家庭因素对农民工回流意愿的影响 [J]. 人口与社会，2016，32 (3)：58 – 66.

[23] 张甜，朱宇，林李月. 就地城镇化背景下回流农民工居住区位选择——以河南省永城市为例 [J]. 经济地理，2017，37 (4)：84 – 91.

[24] 朱强. 家庭社会学 [M]. 武汉：华中科技大学出版社，2012.

[25] Bastia T. Should I stay or should I go? Return migration in times of crises [J]. Journal of International Development，2011，23 (4)：583 – 595.

[26] Berry J W. Immigration，acculturation and adaptation [J]. Applied Psychology：An International Review，1997，46 (1)：5 – 68.

[27] Bogue D J. Internal Migration [M]//Hauser D，The Study of Population：An Inventory Appraisal. Chicago：University of Chicago Press，1959：6 – 13.

[28] Cassarino J P. Theorizing return migration：The conceptual ap-

proach to return migrants revisited [J]. Social Science Electronic Publishing, 2004, 6 (2): 21 – 54.

[29] Choudhury P. Return migration and geography of innovation in MNES: A natural experiment of knowledge production by local workers reporting, to return migrants [J]. Journal of Economic Geography, 2016, 61 (3): 68 – 73.

[30] Constant A, Zimmermann K F. The dynamics of repeat migration: A Markov chain analysis [J]. International Migration Review, 2012, 46 (2): 362 – 388.

[31] Démurger S, Xu H. Return migrants: The rise of new entrepreneurs in rural China [J]. World Development, 2010, 39 (10): 1847 – 1861.

[32] Gaulé P. Who comes back and when? Return migration decisions of academic scientists [J]. Economics Letters, 2014, 124 (3): 461 – 464.

[33] Gullahorn J T, Gullahorn J E. An extension of the U – Curve Hypothesis [J]. Journal of Social Issues, 1963, 19 (3): 33 – 47.

[34] Haas H D, Fokkema T, Fihri M F. Return migration as failure or success? [J]. Journal of International Migration and Integration, 2015, 16 (2): 415 – 429.

[35] Haas H D, Fokkema T. The effects of integration and transnational ties on international return migration intentions [J]. Demographic Research, 2011, 25 (24): 755 – 782.

[36] Hare D. "Push" versus "pull" factors in migration outflows

and returns: Determinants of migration status and spell duration among China's rural population [J]. The Journal of Development Studies, 1998, 35 (3): 45 – 72.

[37] Hirvonen K, Lilleør H B. Going back home: Internal return migration in rural Tanzania [J]. World Development, 2015, 70: 186 – 202.

[38] International Organization for Migration. Making the return of migrant workers work for Viet Nam: An issue in brief [DB/OL]. (2014 – 09 – 23)[2017 – 02 – 10] http: //www. ilo. org/wcmsp5/groups/public.

[39] Kerpaci K, Kuka M. The Greek debt crisis and Albanian return migration [J]. Journal of Balkan and Near Eastern Studies, 2019, 21 (1): 104 – 119.

[40] Kou L R, Xu H, Hannam K. Understanding seasonal mobility, health and wellbeing to Sanya, China [J]. Social Science & Medicine, 2017, 177: 87 – 99.

[41] Lee E S. A theory of migration [J]. Demography, 1966, 3 (1): 47 – 57.

[42] Lewis J R, Williams A W. The Economic Impact of Return Migration in Central Portugal [M]//King R. Return Migration & Regional Economic Problems. London: Croom Helm, 1986.

[43] Sadowski – Smith C, Li W. Return migration and the profiling of non-citizens: Highly skilled BRIC migrants in the Mexico – US borderlands and Arizona's SB 1070 [J]. Population, Space and Place, 2016, 22 (5): 487 – 500.

[44] Sussman N M. Testing the cultural identity model of the cultural transition cycle: Sojourners return home [J]. International Journal of Intercultural Relations, 2002, 26 (4): 391 – 408.

[45] Todaro M P. Urban job expansion, induced migration and rising unemployment: A formulation and simplified empirical test for LDCs [J]. Journal of Development Economics, 1976, 3 (3): 211 – 225.

[46] Woodruff C M, Zenteno R. Remittances and micro-enterprises in Mexico [DB/OL]. (2001 – 08 – 14) [2017 – 02 – 20]. https: //ssrn. com/abstract = 282019 orhttp: //dx. doi. org/10. 2139/ssrn. 282019.

第 2 章

中部农区农民工多阶流动
及影响因素研究

人口迁移流动是中国改革开放以来规模最大、意义最为深远的地理过程之一,并一直是人口地理学等相关学科研究的重要内容(朱宇、林李月,2016;龙晓君等,2018)。随着人口迁移流动研究的不断深入,其时间过程引起了国内一些学者的关注。根据时间过程,农民工流动可分为"一次流动"和"二次流动"(梁雄军等,2007),类似的提法还有初次流动和后续流动(林李月、朱宇,2014;高更和等,2016),相应的人口流动分次研究和时间研究也偶有发表。初次流动存在着显著的空间集聚现象,其空间选择明显受到关系网络、人力资本、家庭特征、社区环境等因素的影响(林李月、朱宇,2014;田明,2017)。农民工二次流动频率较高,是维护自身合法权益的主要途径(梁雄军等,2007),流动有利于增加收益(刘颖等,2017)。东部城市之间的二次横向流动速度快,频率高,多次流动的流向及空间轨迹十分复杂(田明,2013;于婷婷等,2017)。从社会学角度观察,劳动力存在一种渐进性的向上流动现象，随流动次数的增加，其逐步沉淀在当前的城市（杜鹏、张航空，2011），但与此相反的观点则认为地理梯次的流动人口会由于"流动惯性"作用而愿意继续流动（张航空，2014）。国外在较早时候就提出了逐步迁移（stepwise migration）概念（Ravenstein，1885），但在人口迁移流动文献中并未占据重要地位（朱宇、林李月，2016）。康韦（Conway，1980）从概念和方法两个角度提出了逐步迁移的可操作性定义，而更多的研究是具体的案例分析，涉及土耳其、新西兰、泰国、墨西哥、美国、苏格兰、菲律宾、中国香港和新加坡等国家和地区（Howe et al.，2010；Carlos and Sato，2011；Paul，2015）。在对逐步迁移案例研究的同时，垫脚石假说（the stepping stones hypothesis）也同时被验证（Howe et al.，2010；Paul，2015）。但一些研究表明逐步迁移不能充分描述所有观察到的模式（Afolayan，1985），逐步迁移显然存在，但不是主要的迁移类型（Pardede et al.，2016）。总的来看，国内研究由于样本数据的来源不同，关于农民工空间流动随时间变化的规律并未形成共识，且针对多次流动的精细性研究还较少，同时由于缺乏农民工流动史数据以及获得该数据的较大难度，相关研究仍很少。国际上的相关研究主要涉及国际永久性移民，很少有文献涉及类似国内大范围、多次的临时性农民工流动。同时由于缺乏数据，很少有研究考虑同一个人多次的流动经历（Impicciatore and Strozza，2016）。

我们认为，农民工空间流动是一个连续过程，每次流动之间并非一种随机现象，而是在空间上逐步趋向优化的过程，即农民工从自身价值判断，随着时间的持续和流动次数的增加，最终将接近或达到理想区位，即多阶流动。需要指出的是，伴随着空间流动，其务工地距离、工作地类型、务工时间和离职原因等也在发生相应的变化。本章将基于河南省 6 个样本村农民工的深度访谈数据，对多阶流动的空间过程进行研究，揭示农民工流动的时空过程特征。

2.1　数据来源与研究方法

2.1.1　数据来源

2.1.1.1　案例区选择

河南省为我国农民工大省，在农民工流动上具有典型性和代表性。据统计，2016 年河南省农民工总量达 2 876 万人，占河南省农村人口的 51.77%，占全国农民工总量的 10.21%，长久以来其农民工数量均居我国首位或前列（河南省统计局，国家统计局河南调查总队，2017）。河南省地处中原腹地，交通便利，与我国主要经济发达地区距离适中，形成了多样的流动方向，流动目的地分布较为分散且种类齐全。近些年来，河南省县域经济发展迅速，吸引了不少农民工在本省和本地就业，构成了农民工外流与回流并存的局面。

2.1.1.2　数据来源

本研究所采用的数据来自于作者进行的农民工流动调查。考虑到地形、区位、经济发展水平和务工人员数量，在河南省范围内选择了 6 个村进行访谈式深度调查，每个村访谈对象约 40～60 人。本次仅调查流动次数为 5 次的较长时间务工者。调查时间为 2016 年 2

月春节期间，调查员为河南财经政法大学资源与环境学院的研究生和本科生，每村1人，共6人。调查前，对调查员进行了严格培训，调查结束后，对问卷进行了整理和数据录入，剔除掉无效问卷后，最终形成268份有效问卷数据库，其中，每份问卷包含122个属性数据。

2.1.1.3 调查样本概况

所选6个村在地形分类、区位分类、经济发展水平分类等方面均具数量均衡性分布。它们分别位于：郑州市荥阳市崔庙镇、洛阳市西工区红山乡、焦作市温县赵堡镇、洛阳市孟津县送庄镇、济源市大峪镇、三门峡市渑池县张村镇。在样本村分层方面，山区、丘陵和平原各2个，近郊（距离城市建成区边缘5千米内）、中郊（5～15千米）、远郊（15千米以上）各2个，经济发展水平高（农民年人均纯收入在1万元以上）、中（0.6～1.0万元之间）、低（小于0.6万元）各2个。

全部样本中，男性占65.3%，女性占34.7%，男性较多；务工者年龄主要集中在25～55岁之间，占比为80.2%，80后新生代农民工占比为59.0%，年龄构成较轻；务工年限较长，平均为12.36年，8年以上者占比60.1%；务工地主要分布于河南、广东、江苏、浙江、上海等省市。

2.1.2 研究方法

本研究主要采用统计分析和逐次二元逻辑回归模型分析方法。前者用于对各城乡地域类型各次务工人数、历次流动距离变化和持续时间变化、历次主诉流动原因进行统计和分析，后者主要对影响各次流动的因素进行概率估算。综合考虑务工持续时间长短和数据可得性，本章主要采用 5 次务工（4 次流动）的分析方法。

二元逻辑回归模型通过拟合解释变量与事件发生概率之间的非线性关系，来进行事件发生概率的估计。记 $X = (X_1, X_2, \cdots, X_{P-1})^T$ 表示影响事件 A 发生概率的因素，$P(x)$ 表示事件 A 发生的概率。设 F 为线性函数 $F(X_1, X_2, \cdots X_{P-1}) = \beta_0 + \beta_1 X_1 + \cdots + \beta_{P-1} X_{P-1}$，则

$$P(x) = \frac{\exp\left(\beta_0 + \sum\limits_{k=1}^{p-1} \beta_k X_k\right)}{1 + \exp\left(\beta_0 + \sum\limits_{k=1}^{p-1} \beta_k X_k\right)} \qquad (2-1)$$

式（2-1）称为二元逻辑回归模型，其中的系数采用极大似然参数估计迭代计算。

2.2　农民工多阶流动特征

2.2.1　务工地空间距离变化

随着务工工龄的增长和流动次数的增多，务工地逐渐趋于稳定，务工距离变动呈现弱回归态势。本节将每一次的务工地变动导致的务工距离变化划分为距离明显增加（简称距离增加）、距离明显减少（简称距离减少）以及距离基本不变（简称距离不变）三种情况。第一次变动是农民工务工地的首次变化，较多的农民工选择了距离变化，变动者的占比较大，为 61.32%（见表 2-1）。第二次

流动中距离不变者比例下降13%，距离变化者则呈较大比例的上升，说明第二次变动仍处于对务工地的搜寻过程中，且对原工作地的不满意程度较第一次变动有所加强。至第三次变动时，务工地开始出现稳定趋势，务工距离不变者增加到39.54%，而务工距离变化者的比例开始下降。第四次变动中，务工距离不变者进一步上升，达到44.78%，稳定态势出现，同时，在务工距离变化者当中，务工距离减少者超过距离增加者，农民工回归当地的趋势开始显现。总的来看，随着时间推移及农民工认知水平的提高和拥有信息量的增加，农民工频繁转换务工地导致的务工地距离变化，具有初期变化明显、后期变化减弱且稳定性和回归性增强的特征。

表 2-1　各次流动中务工距离变化者比重及主诉离职原因统计　　单位：%

流动时序	距离变动情况			主诉离职原因							
	增加	减少	不变	原因1	原因2	原因3	原因4	原因5	原因6	原因7	原因8
第一次流动	33.96	27.36	38.68	23.51	8.21	6.72	2.24	13.06	4.48	33.58	7.84
第二次流动	37.27	37.35	25.38	27.61	3.36	17.54	3.36	14.93	1.49	17.54	14.18
第三次流动	30.25	30.21	39.54	16.04	4.85	19.78	3.36	10.82	7.84	19.40	17.54
第四次流动	26.12	29.10	44.78	14.55	2.24	21.27	3.73	9.70	10.45	20.15	17.54

注：表中各原因序号含义——原因1：工资低并拖欠；原因2：同事矛盾或企业倒闭；原因3：想家或家中有事；原因4：照顾老人及孩子；原因5：工作太脏或太累；原因6：离家远，想回家干；原因7：寻找更好的工作或机会；原因8：工作完成。

2.2.2　务工地城乡地域类型变动

从历次农民工流动地域类型看，城区和县城是农民工务工的首选地，但从演变趋势上看，乡镇中心地和乡村务工人数比例呈现出

完全不同的特征。根据农民工务工地的城乡地域特征，可将其划分
为 4 种基本类型（见表 2 - 2）。在务工地地域类型分布上，从初次
到终次，城区所占比例最高，一般在 54% ~59% 之间，这是因为城
区非农就业机会最多，相比而言收入也最高。但从演变趋势看，城
区的集中度似乎变化不大。县城是历次务工地的第二集中地，占比
在 20% ~25% 之间，从演变趋势看，具有弱增加态势。以上城区和
县城合计的城市地区，务工者占比约 80%，即城市一直为农民工务
工地的首选，乡城流动构成了农民工流动的基本空间图谱。务工地
为农村的比例一直不大，其中乡镇中心地又占了绝对优势，乡村仅
占很小的比例，这是由于工作机会和收入的空间分布造成的。但在
演变结构中，乡镇中心地占比有增加的态势。如果将县城和乡镇中
心地合并，其总趋势的上扬更是显而易见。这意味着，农民工村落
附近的城镇越来越成为农民工务工地的首选。

表 2 - 2　各次务工区位城乡地域类型及持续时间的务工者比重　　单位：%

务工时序	城乡地域类型				务工持续时间			
	城区	县城	乡镇中心地	乡村	临时	短期	中期	长期
第一次	57.46	22.76	14.18	5.60	35.82	29.85	20.15	14.18
第二次	55.60	24.25	13.43	6.72	47.01	25.37	11.94	14.93
第三次	58.21	20.90	17.91	2.99	44.78	26.12	17.91	11.19
第四次	55.97	23.13	18.66	2.24	40.30	23.13	19.40	17.16
第五次	57.09	24.25	16.42	2.61	39.55	22.39	18.66	19.40

2.2.3　务工持续时间变动

随流动次数的增加，农民工务工持续时间呈增加的态势。根据

实际情况，可将每次务工按照持续时间分为 4 类：临时务工（6 个月以内），短期务工（7~12 个月）、中期务工（13~24 个月），长期务工（25 个月以上）。对比 5 次务工持续时间长短可以发现（见表 2-2）：第一，临时务工和短期务工占比有下降的趋势。第一次务工的持续时间完全是随机的，整体上以临时和短期为主，但随着时间的推移，呈现出减少趋势。第二，长期务工者的占比略有上升。长期务工者占比由第一次的 14.18% 上升到第五次的 19.40%，尽管上升过程中有曲折，但整体上升趋势较为明显。第三，中期务工者占比基本上变化不大，尽管中间过程也有起伏状态出现，但整体上基本稳定。农民工务工过程，实际上是一个根据自身人力资本状况，不断获取信息、不断搜寻新工作岗位的过程，也是一个不断探索、总结经验的过程。收入高低及其稳定性和各种社会保障与务工持续时间有关，当不能获得长期的稳定工作时，农民工才会考虑临时性和短期性工作。

2.2.4 空间流动原因变化

农民工主要进入城市的次级劳动力市场，高流动性是其主要特征。农民工离开务工企业的具体原因，大致可分为 8 类（见表 2-1）。从调查结果看，主要为原因 1、3、5、7、8 等。上述原因主诉人数占比合计一般都在 80% 以上。但各次流动各原因主诉人数占比也发生了较为明显的变化，主要特点为负向原因（对农民工不利，包括原因 1、2、5、7）主诉人数占比下降，正向原因（对农民工有利，包括原因 3、4、6、8）占比上升，表明农民工决策正确率的上升。四次流动中，第二次出现了较大幅度的波动，表明本次流动是农民工务工地调整的关键时期。相对于第一次的随机选择和第二次的剧烈调整而言，第三次和第四次选择则趋于理智和优化，其中，原因 3、4、6 主诉人数占比有较为明显的上升，表明家庭和家乡因素成为务工地选择的主要因素。原因 8 主诉人数有较为明显的增加，说明劳动合同执行率提高，也表明务工状态逐渐趋于优化。

2.3　影响因素分析

2.3.1　变 量 设 计

农民工多阶流动是农民工频繁变换务工地的结果，虽然务工地变动的直接动因是收入低、寻求更好的工作机会、照顾家庭和工作结束或企业终止工作等，但其背后却是农民工理性决策、综合考虑多种因素的结果（高更和等，2016），其中，成本—收益最大化和提高人力资本利用效率为其基本原则（林李月、朱宇，2014；Schultz，1961），此外还要考虑个体特征、家庭、社会网络等各种相关因素（林李月、朱宇，2014）。这些因素概括起来可分为 4 类（见表 2 - 3）。首先是务工因素。务工时间的长短影响其经验积累，务工工种反映了个体的人力资本状况，地域类型基本上代表了其收入水平和务工地选择的偏好，这些因素均影响农民工的多阶流动。其次是个人因素。行为心理学认为，人的行为方式是建立在个人特征基础之上的，不同个体的人力资本特征，对其行为方式具有重要影响，务工地选择行为也是如此。再次是家庭因素。家庭经济学认为，个人只是家庭成员之一，个人追求的往往是家庭收益的最大化而非个人收益的最大化，因此家庭特征对农民工务工地的选择和变换具有重要影响。最后是村庄因素。地理环境是影响人口流动的重要因素，村庄的经济发展水平直接体现了区域经济发展水平和自身的经济基础，对流动具有基础性影响。村区位和村地形直接影响着村经济发展水平，村务工人员比重影响农民工对务工信息的掌握，这些均对其务工决策具有重要影响。综合上面的分析，本章选择4类14个因子进行模型分析。

表 2 - 3　　　　　　　　　解释变量的赋值和含义

指标	变量	赋值	含义
务工因素	务工年限	实际值（年）	初次务工开始年份到各次务工时的年限
	务工地域类型	1 城区；2 县城；3 乡镇中心地；4 乡村	按照务工地城乡特征和行政区划等级对务工地的划分
	务工工种	1 一类；2 二类；3 三类；4 四类；5 五类	按照社会地位、经济收入、劳动强度、工作环境对历次务工从事行业的大致分类[a]
个人因素	性别	1 男性；0 女性	务工者的性别
	婚姻状况	1 已婚；0 未婚	各次务工时务工者的婚姻状况，离异归属已婚类
	年龄	实际值（岁）	各次务工时务工者的年龄
	教育程度	1 小学；2 初中；3 高中/中专；4 大专	务工者的学历

指标	变量	赋值	含义
家庭因素	家庭人口规模	家庭总人口（人）	各次务工时务工者家庭实际人口数
	家庭耕地面积	实际值（亩）	各次务工时该家庭承包耕地总面积
	家庭经济地位	1 好；2 较好；3 中等，4 较差；5 很差	各次务工时农户家庭在本行政村的经济地位等级
村庄因素	村经济发展水平	1 低；2 中；3 高	各次务工时村庄人均纯收入四分位分级
	村地形	1 平原；2 丘陵；3 山区	务工者所在村庄地形分类（崎岖度分类）
	村区位	1 近郊；2 中郊；3 远郊	按照村庄到最近县城或城市距离的分类
	村务工人员比重	实际值（%）	各次务工时村务工人员占全部人口比重

注：[a] 其中，1 主要包括清洁工、钟点工等；2 主要包括建筑工人、工厂普工等；3 主要包括售货员、工厂技工等；4 主要包括个体经商者等；5 主要包括厨师、司机等其他职业。

受篇幅的限制，被解释变量定义为农民工多阶流动务工地距离变化，即在多阶流动过程中，每流动一次，距离明显变化的（明显增加或明显减少）为1，否则为0。因被解释变量为二元变量，因此采用 Binary Logistic Regression 进行分析，具体操作时在 SPSS20.0 中调用该模块即可。

2.3.2　模型与结果分析

将14个变量导入模型后，经运算得到表2-4的回归结果。其中，模型2.1为第一次流动模型，其余类推。模型通过相关检验，达到显著性水平，同时，经检验自变量之间不存在共线性问题。

表2-4　模型运算结果

指标	变量	模型2.1		模型2.2		模型2.3		模型2.4	
		系数	Sig.	系数	Sig.	系数	Sig.	系数	Sig.
务工因素	常数	0.571	0.807	4.009	0.338	-8.077	0.148	4.384	0.021
	务工年限	-0.046	0.286	-0.057	0.455	-0.075*	0.096	-0.028**	0.037
	务工地域类型	-0.231	0.404	-0.945*	0.099	-0.062***	0.00	-0.447***	0.048
	务工工种	-0.402	0.18	0.641	0.242	0.720	0.253	0.088	0.656
个人因素	性别	0.807	0.154	1.087	0.291	0.228	0.872	0.257	0.575
	婚姻状况	0.159	0.816	1.995	0.122	2.457	0.117	-0.006	0.992
	年龄	0.121***	0.00	0.012	0.829	-0.043**	0.035	-0.058**	0.036
	教育程度	0.815**	0.048	-0.935	0.199	0.644	0.430	-0.411	0.155
家庭因素	家庭人口规模	-0.231	0.208	-0.943***	0.00	0.282	0.377	-0.067**	0.048
	家庭耕地面积	-0.203**	0.040	-0.276	0.223	-0.508**	0.044	-0.099	0.236
	家庭经济地位	0.300	0.435	1.012	0.192	0.482	0.439	-0.016	0.991
村庄因素	村经济发展水平	-0.084	0.823	-1.192	0.162	0.062	0.954	-0.035	0.914
	村地形	-0.542*	0.081	-1.343*	0.080	-0.686*	0.073	-0.645*	0.066
	村区位	0.418	0.287	1.169*	0.061	-0.233	0.754	0.508	0.121
	务工人数比例	0.025*	0.063	0.049*	0.082	0.006	0.808	0.030***	0.00
Sig.		0.04		0.00		0.07		0.01	
NRS		0.58		0.795		0.65		0.56	

注：①***、**、*分别表示0.01、0.05、0.1的显著性水平。②Sig. 为模型综合检验显著水平。③NRS 为 Nagelkerke R^2。

　　对比四次流动过程的显著性因素，可发现：务工因素中，务工年限和务工地域类型在 4 个模型中具有不同特点且在部分模型中达到了显著性水平。务工年限因子在前两次流动中不显著，而在后两次流动中显著且为负相关。前两次不显著的原因为此时务工年限较短，务工处于初期的探索阶段。随着务工年限的增加，该因子的影响力扩大并成为显著性因子，系数为负，说明务工年限越长，工作区位越稳定。务工地域类型因子在后三次流动中均为显著性因子且系数为负，而在第一次流动中为非显著性因子，表明随着务工时间的增加，务工区位越趋于农村，且流动性越小。实际上，在城市或县城等地务工，由于存在较多的务工企业选项，当满意度下降时，就会产生流动行为，而在乡镇或乡村，这种概率要小得多（也可能与务工地优选后有关）。初次流动中该因子不显著，说明在务工初期的朦胧状态中，只要对务工企业不满意，尤其是对收入不满意，都会产生离职行为，无论是在城市还是在乡村。

　　个人因素中年龄因子在多个模型中达到了显著性水平，教育程度仅在模型 2.1 中达到了显著性水平。年龄因子在模型 2.1、模型 2.3、模型 2.4 中均为显著因子，但作用方向前后有较大差别。模型 2.1 中，年龄因子系数为正，说明年龄越大的务工者其距离变化的概率越大，而在模型 2.3 和模型 2.4 中的系数为负，表明年龄越大其流动性越小。这反映出随着务工经验的积累及务工地选择的优化，工作地越来越趋于稳定。教育程度因子仅在模型 2.1 中显著且系数为正，表明在初次流动中，教育程度高的农民工流动性较高，因为相比而言，其所拥有的人力资本相对较大。

　　家庭因素中，家庭人口规模和家庭耕地面积在不同的模型中达到了显著性水平。其中，前者在模型 2.2 和模型 2.4 中为显著性因子，说明家庭人口规模较大的务工者在后期的务工中流动性减少，原因是其更需要稳定的工作以维持家计，但该因子的作用并不稳定，在模型 2.1 和模型 2.3 中并未达到显著水平。家庭耕地面积因子也具有不稳定的影响，在模型 2.1 和模型 2.3 中为显著性因子，而在其他模型中不显著。首次流动中该因子系数为负，表明耕地面积较大务工者的流动性较小，因为其所拥有的较多耕地在较大程度上满足了家庭所需。第三次流动中情形也是如此。但该因子在模型 2.2 和模型 2.4 中并未达到显著性水平，表明该因子的影响作用有限且不稳定。

村庄因素中的村地形、务工人数比例和村区位等因子在不同的模型中具有显著性影响，但各自的稳定性具有较大的差异。村地形因子在各个模型中均达到显著性水平，其系数均为负数，表明村庄地形越崎岖，务工者的流动性越小。原因是崎岖度较大村庄的务工者，对经济收入的期望值可能较低，较易满足现状而选择较小的流动。务工人数比例因子在模型 2.1、模型 2.2、模型 2.4 中均达到显著性水平，且系数均为正，表明务工者占比越大的村，农民工的流动性越强，这与信息丰富和攀比心理有关。村区位因子仅在模型 2.2 中达到了显著性水平，说明在务工流动初期，距离中心城市越近，务工者流动性越小，这与离家近、附近较为容易找到工作岗位有关，但该因子在模型 2.3 和模型 2.4 中未达到显著水平，表明后期流动中该因子对流动性已不产生显著影响。

2.4　结论与讨论

第一，农民工对务工地的选择是一个趋于优化的动态过程，验证了农民工多阶流动假说。随着务工者工龄的增长和流动次数的增多，务工地逐渐趋于稳定，务工距离变化者的比例在逐步下降，而不变者在上升。与此同时，临时和短期务工者的比例有下降趋势，而长期务工者的比例略有上升。城区和县城是农民工务工的首选地，但从演变趋势上看，农村中的镇呈上扬态势，村落附近的城镇地区越来越成为务工地的重要选项。在农民工高流动性的直接成因中，外在的被迫动因弱化，而个人主观动因强化，表明劳动力市场逐渐趋于规范，务工状态发生了优化。与已有成果比较（田明，2013），研究中并未发现在较长的时间周期内人口迁移具有距离增加的特征。

第二，随流动决策的优化，各主要因子在各次模型中的显著性程度发生相应的变化。务工因素中的务工年限和地域类型、个人因素中的年龄、家庭因素中的家庭人口规模和家庭耕地面积、村庄因素中的村地形、村务工人数比重和村区位等因子在不同的模型中具有较为显著的影响，在逐次流动模型中显著性程度和方向的变化反映了农民工务工流动决策的调整和优化，经过多次的流动和经验总结，农民工变得更为理智，务工地变得更符合自己的预期。

劳动力流动是人口地理学的重要研究领域，面对波涛汹涌的农民工流动，学者们进行了不少研究，但关于多阶流动的研究还很少见。由于缺乏大样本数据，本章只是开展了 6 个村的小样本研究，今后可尝试扩大样本后进行研究。同时，如能对整个务工生涯开展研究，也有利于对该问题研究的深化。此外，由于研究样本限制，所得结论是否适用于其他地区还有待于进一步验证。

参 考 文 献

[1] 杜鹏，张航空．中国流动人口梯次流动的实证研究 [J]．人口学刊，2011 (4)：14 - 20.

[2] 高更和，杨慧敏，许家伟，等．农民工初终务工地空间变动研究 [J]．经济地理，2016，36 (2)：143 - 148.

[3] 梁雄军，林云，邵丹萍．农村劳动力二次流动的特点、问题与对策——对浙、闽、津三地外来务工者的调查 [J]．中国社会科学，2007 (3)：13 - 28.

[4] 林李月，朱宇．流动人口初次流动的空间类型选择及其影响因素——基于福建省的调查研究 [J]．地理科学，2014，34 (5)：539 - 546.

[5] 刘颖，邓伟，宋雪茜，等．基于综合城镇化视角的省际人口迁移格局空间分析 [J]．地理科学，2017，37 (8)：1151 - 1158.

[6] 龙晓君，郑健松，李小建，等．全面二孩背景下中国省际人口迁移格局预测及城镇化效应 [J]．地理科学，2018，38 (3)：368 - 375.

[7] 田明．中国东部地区流动人口城市间横向迁移规律 [J]．地理研究，2013，32 (8)：1486 - 1496.

［8］田明. 地方因素对流动人口城市融入的影响研究［J］. 地理科学, 2017, 37（7）: 997 – 1005.

［9］于婷婷, 宋玉祥, 浩飞龙, 等. 东北三省人口分布空间格局演化及其驱动因素研究［J］. 地理科学, 2017, 37（5）: 709 – 717.

［10］张航空. 梯次流动对流动人口居留意愿的影响［J］. 人口与发展, 2014, 20（3）: 18 – 23.

［11］朱宇, 林李月. 中国人口迁移流动的时间过程及其空间效应研究: 回顾与展望［J］. 地理科学, 2016, 36（6）: 820 – 828.

［12］Afolayan A A. Is there a step-wise migration in Nigeria?: A case study of the migrational histories of migrants in Lagos［J］. Geojournal, 1985, 11（2）: 183 – 193.

［13］Carlos M R D, Sato C. The multistep international migration of Filipino nurses: The propensity to migrate among Filipino nurses in Dubai ［J］. Journal of the Socio – Cultural Research Institute, Ryukoku University, 2011（13）: 37 – 61.

［14］Conway D. Step-wise migration: Toward a clarification of the mechanism［J］. International Migration Review, 1980, 14（1）: 3 – 14.

［15］Howe E L, Huskey L, Berman M D. Migration in Arctic Alaska: Empirical evidence of the stepping stones hypothesis［J］. Social Science Electronic Publishing, 2010, 2（1）: 97 – 123.

［16］Impicciatore R, Strozza S. Internal and International Migration in Italy: An Integrating Approach Based on Administrative Data［M］//

In: Riccio B. From internal to transnational moblities. Bologna: Emil di Odoya, 2016: 57 –82.

[17] Pardede E, McCann P, Venhorst V. Step-wise migration: Evidence from Indonesia [DB/OL]. (2016 – 08 – 31) [2018 – 01 – 22]. https: //www. rug. nl/research/portal/publications/stepwise-migration (48 d0f1b6 – 62a2 – 4dc7 – ada4 – b28fc4e2b0ab). html.

[18] Paul A M. Capital and mobility in the stepwise international migrations of Filipino migrant domestic workers [J]. Migration Studies, 2015, 3 (3): 438 – 459.

[19] Ravenstein E G. The law of migration [J]. Journal of the Statistical Society of London, 1885, 48 (2): 167 – 235.

[20] Schultz T W. Investment in human capital [J]. The American Economic Review, 1961, 51 (1): 1 – 17.

第3章

省际流动农民工回流区位及影响因素研究

在城市化、工业化进程中，农村劳动力到外地务工就业一直伴随着大量的回流现象，这引起了经济学和社会学界的极大重视（石智雷、杨云彦；2012）。尤其是受 2008 年全球金融危机的影响，我国经济增速放缓，失业率激增，大批农民工被迫回流返乡，相关研究从 2009 年开始增多。近些年来，随着我国产业转移、经济布局调整和中西部区域经济的发展，农民工回流持续增加，对回流的研究也开始成为学者们关注的重点。

目前，国内相关研究主要集中于回流的状态与特征（刘云刚、燕婷婷，2013）、动因（石智雷、杨云彦；2012）、影响因素（袁方等，2015）、经济社会影响（邵腾伟等，2010）等方面。回流与流动是农民工空间流动的两种最基本方式，国内有关农民工回流动因的相关理论也多引用国外的研究成果（石智雷、杨云彦；2012；丁越兰、黄晶，2010；高更和等，2016），因为流动本身暗含着对回流的解释，如刘易斯的二元经济理论、斯达克的新迁移经济理论、托达罗的预期收益理论、生命周期理论、赫伯尔的"推拉"理论、结构主义理论、人力资本理论等。同时结合中国国情，学者们也从制度主义、成本收益、家务管理、推拉力等方面分析农民工回流的机制和理论框架，普遍认为，户籍制度（高强、贾海明，2007）、经济政策（匡逸舟等，2014）、社会保障（余运江等，2014）、就业岗位、收入状况（袁方等，2015）、社会资本和社会关系网络（高更和等，2012）、农民工个体因素及人力资本（袁方等，2015）、家庭因素等（杨云彦、石智雷，2012）是影响农民工回流的重要因素。在回流效应上，正向效应与负向效应并存（高强、贾海明，2007），但多以负向选择为主（胡枫、史宇鹏，2013），回流有助于我国二元经济结构的转换（金沙，2009），但对农民工回流创业应该持谨慎态度（胡枫、史宇鹏，2013）。

国际上对回流移民的研究历史较长，文献也较多。但和国内不同的是回流移民大多为国际移民，对国内各地区之间的回流移民研究较少。最早的回流移民研究为1885年拉文斯坦的研究，其曾论述过反迁移（counters streams），20世纪60年代以前国际上很少有文献论述回流迁移，但到了70年代，文献开始增多，其主因是全球范围内经济的复苏。较早时期的研究内容主要包括回流的空间分类和时间分类（King，1978；Gmelch，1980）、人才回流（Hodgkin，1972）、回流迁移与区域发展（Mcarthur，1979）、影响因素等（Gmelch，1980；Russell，1986）。近些年来，回流迁移的影响因素（Hirvonen and Lilleør，2015）及其社会效应（Piracha and Vadean，2010；Dustmanna et al.，2011）、回流后的区域和职业选择（Junge et al.，2015）、熟练工人的回流和人才回流（Gaulé，2014）仍然被关注。在影响因素方面，人力资本（Junge et al.，2015）、婚姻、家庭和生活方式（Hirvonen and Lilleør，2015）、心理和社会因素（Nicola and Matthias，2009）、生命周期（Kirdar，2009）、与母国的联系（Ravuri，2014）、失业等被认为对回流迁移具有重要影响。有学者认为，回流到本地多从事农业，而回流到其他地方多从事非农产业（Junge et al.，2015）。对于回流者，一些学者认为是负向选择的结果（Hirvonen and Lilleør，2015），也可能带来负面影响（Woodruff and Zenteno，2001），而有案例研究表明，回流也可能是正向选择的结果（Dustmann and Kirchkamp，2002），回流者更可能是创业者（Piracha and Vadean，2010），带回技术和储蓄（Dustmanna et al.，2011）。

　　上述成果给本研究以重要启示，但有关省际流动农民工回流区位的研究成果还较少，而对回流区位的研究不仅是认识农民工空间流动规律的重要内容，而且在实践上对于回流区域制定相关政策具有重要意义。本章将主要从回流的区位分布及影响因素方面对此问题进行研究。此外，鉴于目前对农民工回流的概念尚无统一认识，本章将省际流动农民工回流定义为：农民工（农民外出至省外务工 6 个月以上）返回到本省且持续时间在 6 个月以上。

3.1　数据来源、样本概况与研究方法

3.1.1　数据来源

本研究所使用数据来源于作者组织的农民工回流调查。调查内

容主要包括农民工本人及家庭概况、外出务工地点及工种、行业、收入情况、回流原因、回流地点选择及回流后生产经营情况。调查方式为农民工问卷调查和村干部深度访谈，其中，问卷调查通过设计问卷、试调查和问卷修改等环节完成。调查员来自于河南财经政法大学的研究生和本科生，共 12 人，调查前均经过严格培训，调查时间为 2014 年春节期间。所调查村庄共 12 个，其选择考虑到了地形、城郊区位、经济发展水平、农民工分布等因素，在河南省的分布比较分散，基本上代表了农民工回流的整体情况。调查结束后，对问卷进行录入和汇总，剔除掉个别无效问卷后，最终形成 529 个样本、每个样本 55 个属性的数据库，本数据库成为本章研究的基础。

3.1.2 研究区选择

本研究以河南省作为案例区进行研究。河南省位于中国中部，是古老的黄河文明的发源地，优越的地理环境，使其成为我国人口密度最大的地区之一，2014 年河南省人口达 9 413 万，占全国的 7%（中华人民共和国国家统计局，2015），位居全国第三。和我国人口第一大省广东省相比，其输入人口较少，而广东省的人口总数在很大程度上得益于人口输入。本研究区河南省则相反，长期以来是我国最重要的劳动力输出区，外出农民工一般保持在全国 10% 左右。河南地处中原腹地，是我国铁路运输和公路运输的最重要枢纽地区，对外交通便利，农民工在全国分布较为广泛，南部沿海、东部沿海、北部沿海、西部地区、周边地区都成为河南省农民工的务工目的地。总之，河南省的农民工数量之多和分布之广在我国均具有较强的代表性。

3.1.3　研究样本概况

全部样本中，男性 353 人，占比 66.7%，女性 176 人，占比 33.3%，呈现出以男性为主的特征，这和外出农民工的总体构成基本一致，表现出回流者的随机性。从年龄上看，20 岁以下、21～30 岁、31～40 岁、41～50 岁、51～60 岁、60 岁以上的农民工所占比重分别为 4.0%、30.2%、22.3%、28.4%、12.5%、2.6%，表现出集中于年龄较大区间的特点。在教育水平上，文盲、小学、初中、高中及以上人数分别为 9 人、175 人、284 人、61 人，呈现出以小学和初中为主的特点，和农民工整体的教育水平基本一致。外出务工年限较长，平均 8.3 年，其中，务工年限在 5 年以下者高达 241 人，占比达 45.6%，5～10 年者 155 人，占比 29.3%，10～20 年者 94 人，占比 17.8%，20 年以上者仅 39 人，占比 7.4%。回流农民工的务工地较为分散，分布于全国 25 个省区市，但主要集中于河南、广东、北京、浙江、上海、山东、江苏等 7 个省区，其占比为 76%。

3.1.4　二元逻辑回归模型

该模型是一种典型的对数线性模型，通过回归拟合解释变量与事件发生概率之间的非线性关系，被广泛应用于分析不同解释变量取值组合呈现状态的概率，以及在一定条件下事件发生与否的概率（杨小平，2009）。

记 $X = (X_1, X_2, \cdots, X_{P-1})^T$ 表示影响事件 A 发生概率的因素，

$P(x)$ 表示事件 A 发生的概率。设 F 为线性函数 $F(X_1, X_2, \cdots X_{P-1}) = \beta_0 + \beta_1 X_1 + \cdots + \beta_{P-1} X_{P-1}$，则

$$P(x) = \frac{\exp(\beta_0 + \sum_{k=1}^{p-1} \beta_k X_k)}{1 + \exp(\beta_0 + \sum_{k=1}^{p-1} \beta_k X_k)} \qquad (3-1)$$

式（3－1）称为二元逻辑回归模型，由此可直接计算事件 A 发生的概率，模型中的系数采用极大似然参数估计迭代计算。

3.2　农民工回流区位特征

本村、本乡镇和本县城是省际流动农民工回流区位的主要选择地。省际流动农民工回流地域的行政范围主要包括本村、本乡镇（除本村外）、本县（除本乡镇外）、本市（除本县外）、外市等5类。据调查统计，在这5类地域中，本村、本乡镇和本县城成为农民工回流的首选。在所有样本中，回流至本村的153人，占总样本数的28.9%，回流至本乡镇的173人，占比32.7%，回流至本县的157人（其中县城148人），占比为29.7%，三者合计占到样本总数的91.3%，回流区位表现出高度的集中性。此外，回流至本市的仅有20人，占比3.8%，回流至外市的26人，占比4.9%（见表3－1）。

表 3－1　　　　　　　　　　农民工回流区位分布

区位	人数（人）	比例（%）	累计比例（%）
本村	153	28.9	28.9
本乡镇	173	32.7	61.6

续表

区位	人数（人）	比例（%）	累计比例（%）
其中，乡镇政府所在地	113	21.36	
本县	157	29.7	91.3
其中，县城	148	28.0	
本市	20	3.8	95.1
外市	26	4.9	100

　　本乡镇、本县城成为回流区位首选的主要原因在于，这两个点位可以实现农民工离土不离乡的夙愿。首先，在空间距离上，乡镇和县城距离农民工所在村庄较近，其中，乡镇平均距离为5.3千米，县城平均距离为12.6千米。由于距离很近，农民工外出务工所造成的社会网络的中断已不复存在，其拥有的社会资本在非农产业发展中将继续发挥作用。尤其是便于照顾家庭成员，例如小孩、老人、配偶等，家庭社会关系并未因从事非农产业而断裂。实际上，中国农民工的外出务工行为遵从一个基本规律，即增加收入与务家之间的平衡，回流至本村、本乡镇和本县城很好地解决了务家问题。其次，在乡镇和县城具有从事非农产业的基本条件。县城和乡镇作为农村地域的中心地，具有向其腹地提供服务的基本功能，聚集了大量的第三产业，可以承载较多的产业人口和劳动力。同时，在产业转移、县域经济发展等政策的推动下，不少乡镇和县城的第二产业功能日益增强，一些产业集聚区得到较好发展，企业不断增多，就业容纳能力得到提升。

　　本村则为农民工的"根"，是农民工空间活动的出发点和回归地。回流至本村的农民工多为永久性回流，主要包括年龄较大者、身体有病者等。据调查统计，年龄大的劳动力面临高强度的工作身体可能会吃不消，选择回流到本村从事较为轻松的农活，该部分回流农民工为 104 个，占被调查样本总数的 19.7%；一些务工者长期劳累成疾，不得不回到当地休养生息，不再外出打工，此部分农民工为 27 个，占比 5.1%。

本乡镇、本县城成为农民工创业首选区位。农民工经过长期打拼，积累了一定的资金，人力资本也得到一定的提升，进而开始创业，主要是开办商店做小生意。据调查统计，此类创业者共 121 个，占全部回流者的 22.9%。由于村落内部消费市场狭小，这些创业活动很少在村内进行。创业区位选择在本市外县和市外的几乎没有，其原因主要与离家距离较远或社会资本缺乏有关。这些创业活动大多选择在本乡镇或本县城，因为其克服了上述两个缺陷，可使创业活动得以进行并实现合理的利润。但总的来看，此类创业者属于少数，且从事的经济活动规模较小、范围有限。

本市、外市回流农民工较少。二者合计占到回流农民工的 8.7%。回流至本市外县的，仅 20 例，占样本总数的 3.8%，可能与特殊的社会关系或外县能够提供工作岗位有关；回流到外市的 26 例，占样本总数的 4.9%，主要是由于外市能够找到工作，且收入较高，同时家中无太大负担。

3.3 影响因素分析

3.3.1 变量设计

关于农村外出农民工回流决定因素的经验研究，已有成果的自变量主要是迁移者年龄、性别、教育程度、婚姻状况、户籍性质、人均耕地面积、在外流动时间、相对收入水平等（胡枫、史宇鹏，2013；丁月牙，2012）。此外，家庭特征对于农民工回流的作用也是社会学和经济学家的兴趣所在（张辉金、萧洪恩，2006；Dustmann，2003）。本章将回流因素概括为个体因素、家庭因素、村庄因素、务工因素 4 类进行分析。其中，个体因素包括农民工的性别、年龄、婚否、受教育年限 4 个因子；家庭因素包含家庭人口总量、家庭中小学生数量、家庭代际数量、家庭幼儿数量、家庭农民工数量、家庭老人数量 6 个因子；村庄因素包含村农民人均纯收入、人均耕地面积、在本村的经济地位、村庄地形、距最近地级市的距离 5 个因子；务工地因素包含务工工种、务工地区位、务工公司环境污染情况 3 个因子。这些影响因子的赋值和含义如表 3 - 2 所示。

表 3 - 2　　　　　　　　　　　　变量设计

指标	代号	变量	赋值	含义
个人变量	X_1	性别	男性 1；女性 0	农民工本人的性别
	X_2	年龄	实际年龄（岁）	调查时农民工的实际年龄
	X_3	受教育年限	实际值	农民工本人接受教育年限
	X_4	婚姻状况	1 是；0 否	农民工本人调查时的婚姻状态，离异按 1 处理
家庭变量	X_5	家庭人口总量	实际人口（人）	调查时农民工家庭实际人口数量
	X_6	家庭中小学生数量	实际值（人）	调查时农民工家庭实际中小学生数
	X_7	家庭代际数量	实际值（代）	家庭中由几代人构成
	X_8	家庭幼儿数量	实际值（人）	农民工家庭中 7 岁以下的幼儿数量

指标	代号	变量	赋值	含义
家庭变量	X_9	家庭农民工数量	实际值（人）	农民工家庭中，男性 16～60 岁，女性 16～55 岁的健康农民工人口数量
	X_{10}	家庭老人数量	实际值（人）	农民工家庭中，男性 60 岁以上，女性 55 岁以上的人口数量
村庄变量	X_{11}	人均耕地面积	实际值（亩）	等于家庭总耕地面积除以家庭总人口
	X_{12}	在本村经济地位	1 很好；2 较好；3 中等；4 较差；5 很差	农民工家庭在本村的相对经济水平
	X_{13}	村农民人均纯收入	实际值（元）	等于农民工所在村总纯收入除以村总人口
	X_{14}	村庄地形	1 平原及盆地；2 丘陵；3 山地	农民工所在村庄的地形崎岖度分类
	X_{15}	距最近地级市的距离	实际值（千米）	农民工所在村庄到最近地级市的距离
务工变量	X_{16}	务工地区位	1 中部；2 东部；3 西部	省际外出农民工务工目的地所在地带
	X_{17}	务工公司环境污染情况	0 无；1 较轻；2 中度；3 较重；4 严重	农民工回流前务工企业的环境污染情况
	X_{18}	务工工种	根据工种优良程度的分类[a]	农民工回流前主要从事的职业工种

注：[a] 清洁工、洗车工为主的保洁人员为 1；体力劳动为主的工厂工人和建筑工人为 2；售货员类为 3；有一技之长的技工为 4；经商为主的老板为 5。

3.3.2 农民工回流影响因素的回归分析

基于现有的理论和研究文献，本章建立农民工回流影响因素的二元逻辑回归模型，并利用 SPSS19.0 统计软件，采用极大似然估计方法建立农民工回流影响因素的二元逻辑回归模型，回归分析结果见表 3 - 3。其中，因变量定义为：农民工回流到本县为 1，回流至县外为 0。

表 3 - 3　　　　　　　　　　　模型运算结果

变量	回归系数	标准误差	统计量	自由度	P 值	Exp（B）
常量	- 3.061	1.841	2.765	1	0.096	0.047
X_1	0.041	0.381	0.012	1	0.913	1.042
X_2	0.059	0.024	6.034	1	0.014**	1.060
X_3	0.146	0.101	2.098	1	0.148	1.158
X_4	0.129	0.536	0.058	1	0.810	1.138
X_5	0.303	0.245	1.539	1	0.215	1.354
X_6	0.409	0.211	3.764	1	0.052*	1.505
X_7	0.410	0.453	0.821	1	0.365	1.507
X_8	0.565	0.405	1.943	1	0.163	1.759
X_9	- 0.818	0.246	11.025	1	0.001***	0.441
X_{10}	- 0.179	0.315	0.325	1	0.568	0.836
X_{11}	1.587	0.473	11.246	1	0.001***	4.888
X_{12}	0.288	0.241	1.424	1	0.233	1.334
X_{13}	0.000	0.000	0.720	1	0.396	1.000
X_{14}	0.443	0.319	1.920	1	0.166	1.557
X_{15}	0.002	0.004	0.209	1	0.647	1.002
X_{16}	- 0.499	0.331	2.274	1	0.132	0.607
X_{17}	0.083	0.238	0.122	1	0.727	1.087
X_{18}	- 0.071	0.130	0.302	1	0.583	0.931

注：***、**、*分别表示在 0.01、0.05、0.1 水平上显著相关。

从表 3 – 3 可以看出，农民工年龄、家庭中小学生数量、家庭农民工数量、人均耕地面积均达到了显著性水平。

个体变量中，农民工年龄达到了显著性水平。农民工年龄的回归系数为正，说明年龄越大的农民工越倾向于回流到当地，而年龄较小的农民工趋向于在外地工作。这是由于年长的农民工，既要照顾幼儿，又需赡养老人，家庭负担相对较重，因此回流到当地照看家人或务农的概率较大；而年龄较小的农民工，多数向往城市生活、寻求刺激又充满挑战的生活，同时在一些经济发达地区就业工资收入较高，因此回流至外地城市的概率较大。同时，农民工年龄回归系数为正，说明了农民工回流的负向流动，即回流到本县的农民工更多的是由于在省外工作的不胜任或不适应，年龄越大，回流到当地的概率就越大。事实上，随着农民工年龄的增长、体能的下降，回到当地成为农民工的多数选择。

家庭变量中，家庭中小学生数量和家庭农民工数量均达到显著性水平。家庭中小学生数量与农民工回流区位显著正相关，说明农民工家庭中小学生数量越多，农民工选择回流到当地的概率越大。从家庭中小学生数量与农民工回流区位的交叉统计中可以看出，家庭中有 1 个以下的中小学生，农民工选择回流的比重为 87%，家庭中有 2 ~ 3 个中小学生的农民工选择回流的比重达到 95%，家庭中有 3 个以上中小学生的农民工选择回流的比重为 100%，完全回流。这是由于中小学生多的家庭，农民工要面临照顾学生、辅导学生的重担，更倾向于回流到本地。家庭农民工数量与回流区位显著负相关，说明家庭农民工数量越多，回流到本地的概率越小，农民工在外地工作的概率越大。这是由于劳动力较多的家庭，可以相互分担家庭的压力，农民工照顾家庭和处理家庭日常事务的负担较小，从而可以选择长时间在收入较高、就业机会较多的大城市务工。中国农民工的务工机制，实际上取决于外出务工收益和务家之间的平衡，且以务家为前提条件和基本选项，即外出务工主要是为了增加家庭收入，弥补家庭收支赤字，当家庭成员需要时，农民工就会选择回流至当地。

村庄变量中，人均耕地面积达到显著性水平。人均耕地面积与回流区位显著正相关，说明农户拥有的人均耕地面积越大，越倾向于回流到本地。这是因为耕地是农民的根本，耕地面积越大，农产品总产量越大，农业产业收益就越大。相反，如果耕地面积越小，农户的基本生存得不到保障，农民工就不愿意回流到当地务农。农民工在空间上的位置取决于不同区位推拉力的对比，如果本地的拉力增大，农民工就会选择在本地就业和生活，即回流至本地。相反，如果本地拉力减小，外地拉力增大，农民工就不会选择回流至本地而选择外地。这种拉力，主要体现在经济方面。

3.4 结　　论

随着我国区域经济格局的调整和变动，省际流动农民工空间分布格局正在发生着重要的改变，回流已经成为农民工流动的重要过程，开展相关研究对理解农民工的空间流动机制具有重要的现实意义。本章以抽样调查取得的 529 份农民工回流问卷数据，采用统计分析和二元逻辑回归模型对农民工的回流区位选择及影响因素进行了研究，可得到以下结论。

第一，本村、本乡镇和本县城成为省际流动农民工回流区位的主要选择地，本乡镇和本县城也成为农民工回流创业首选的区位，而本市、外市回流农民工较少。整体上，农民工回流以负向选择为主，正向选择和创业选择所占比例较小。回流区位选择的主要机制是务家和经济收益的平衡，应大力发展乡镇和县城经济，使其成为农民"离土不离乡"的主要载体，从根本上解决剩余劳动力转移问题。

第二，影响省际流动农民工回流区位选择的主要因素为农民工年龄、家庭中小学生数量、家庭农民工数量、人均耕地面积等。其中，年龄、家庭中小学生数量、人均耕地面积与回流区位呈显著正相关关系，家庭农民工数量与回流区位呈显著的负相关关系。农民工流动与回流实际上均为农民工在空间中的位置选择与变动，其取决于不同区位的黏性大小，如果本地的黏性增大，农民工就会选择在本地就业和生活，即回流至本地。

参 考 文 献

[1] 丁月牙. 全球化时代移民回流研究理论模式评述 [J]. 河北大学学报，2012 (1)：139 – 142.

[2] 丁越兰，黄晶. 我国劳动力回流问题研究综述 [J]. 华北电力大学学报 (社会科学版)，2010 (1)：41 – 45.

[3] 高更和，杨慧敏，许家伟，等. 农民工初终务工地空间变动研究 [J]. 经济地理，2016，36 (2)：143 – 148.

[4] 高更和，等. 农民工务工目的地分布研究——以河南省为例 [J]. 经济地理，2012，32 (5)：127 – 132.

[5] 高强, 贾海明. 农民工回流的原因及影响分析 [J]. 农业科技管理, 2007, 26 (4): 66-68.

[6] 胡枫, 史宇鹏. 农民工回流的选择性与非农就业: 来自湖北的证据 [J]. 人口学刊, 2013, 35 (2): 71-80.

[7] 金沙. 农民工回流与我国二元经济结构的转换 [J]. 经济纵横, 2009 (1): 77-79.

[8] 匡逸舟, 彭向楠, 朱冬梅. 欠发达地区农民工回流原因的实证研究——以四川省为例 [J]. 中国劳动, 2014 (11): 8-12.

[9] 刘云刚, 燕婷婷. 地方城市的人口回流与移民战略——基于深圳—驻马店的调查研究 [J]. 地理研究, 2013, 32 (7): 1280-1290.

[10] 邵腾伟, 冉光和, 吴昊. 农民工返乡回流对当地新农村建设影响的冲量过程模型 [J]. 数学的实践与认识, 2010, 40 (10): 1-9.

[11] 石智雷, 杨云彦. 家庭禀赋、家庭决策与农村迁移劳动力回流 [J]. 社会学研究, 2012 (3): 157-181.

[12] 杨小平. 二分 Logistic 模型在分类预测中的应用分析 [J]. 四川师范大学学报 (自然科学版), 2009, 32 (3): 393-395.

[13] 杨云彦, 石智雷. 中国农村地区的家庭禀赋与外出务工劳动力回流 [J]. 人口研究, 2012, 36 (4): 3-17.

[14] 余运江, 孙斌栋, 孙旭. 社会保障对农民工回流意愿有影响吗?——基于上海调查数据的实证分析 [J]. 人口与经济, 2014 (6): 102-108.

[15] 袁方, 史清华, 卓建伟. 农民工回流行为的一个新解释:

基于森的可行能力理论 ［J］. 中国人力资源开发，2015（1）：87 -
96.

［16］ 张辉金，萧洪恩. 农民工回流现象的深层思考 ［J］. 农村
经济，2006（8）：102 - 104.

［17］ 中华人民共和国国家统计局. 中国统计年鉴 2015 ［M］.
北京：中国统计出版社，2015.

［18］ Dustmann C，Kirchkamp O. The optimal migration duration
and activity choice after remigration ［J］. Journal of Development Econom-
ics，2002，67（2）：351 - 372.

［19］ Dustmann C. Children and return migration ［J］. Journal of
Population Economics，2003，16（4）：815 - 830.

［20］ Dustmanna C，Fadlonb I，Weissc Y. Return migration，hu-
man capital accumulation and the brain drain ［J］. Journal of Development
Economics，2011，95（1）：58 - 67.

［21］ Gaulé P. Who comes back and when? return migration deci-
sions of academic scientists ［J］. Economics Letters，2014，124（3）：
461 - 464.

［22］ Gmelch G. Return migration ［J］. Annual Review of Anthro-
pology，1980，9：135 - 159.

［23］ Hirvonen K，Lilleør H B. Going back home：Internal return
migration in rural Tanzania ［J］. World Development，2015，70：186 -
202.

［24］ Hodgkin M C. The Innovators：The Role of Foreign Trained Per-
sons in Southeast Asia ［M］. Sydney：Sydney University Press，1972.

［25］ Junge V, Diez J R, Schätzl L. Determinants and conse-quences of internal return migration in Thailand and Vietnam ［J］. World Development, 2015, 71: 94 – 106.

［26］ King R. Return migration: A neglected aspect of population geography ［J］. Area, 1978, 10 (3): 175 – 182.

［27］ Kirdar M G. Labor market outcomes, savings accumulation, and return migration ［J］. Labor Economics, 2009, 16 (4): 418 – 428.

［28］ Mcarthur H J Jr. The effects of overseas work on return mi-grants and their home communities: A Philippine case ［J］. Papers In Anthropology, 1979, 20 (1): 85 – 104.

［29］ Nicola F, Matthias S. Who Stays, who goes, who returns east-west migration within Germany since reunification ［J］. Economics of Transition, 2009, 17 (4): 703 – 738.

［30］ Piracha M, Vadean F. Return migration and occupational choice: Evidence from Albania ［J］. World Development, 2010, 38 (8): 1141 – 1155.

［31］ Ravuri E D. Return migration predictors for undocumented Mexican immigrants living in Dallas ［J］. The Social Science Journal, 2014, 51 (1): 35 – 43.

［32］ Russell K. Return Migration and Regional Economic Problems ［M］. London: Croom Helm, 1986: 1 – 37.

［33］ Woodruff C M, Zenteno R. Remittances and micro-enterprises in Mexico ［DB/OL］. (2001 – 08 – 14). ［2016 – 05 – 17］. http: //pa-pers. ssrn. com/sol3/Papers. cfm? abstract_id = 282019.

第二篇 农民工与农户务工区位研究

改革开放后，随着农业生产力水平的提高和工业化、城镇化的快速推进，大量农村剩余劳动力主要出于对增加自己及家庭收入的需求，开始了轰轰烈烈的乡城流动，规模之大，令人唏嘘，形成了人类历史上最大规模的人口迁徙流。在 21 世纪初，进城农民工已达 1 亿人以上，其中跨省流动约 6 000 万人（劳动和社会保障部课题组，2006），到现在流动规模更高达 2.856 亿人（国家统计局，2021）。壮观的人口流动，自然引起学者们的关注，对农民工流动的研究始终是学界关注的热点问题。在早期，学者们多关注农民工外流的形成原因及社会经济影响，作者在 21 世纪初也曾对农民工流动进行了较为深入的研究，重点关注了外出流动的区位选择问题，以下是当时基于入户调查数据所完成和发表的一些研究成果。

第 4 章

中部农区农户打工簇研究

20 世纪 90 年代以后，民工潮日益成为我国社会发展的重大问题，打工队伍越来越庞大，农户打工成为一种重要的社会经济现象，对我国经济社会的发展产生着越来越重要的影响。据研究，农村劳动力流动就业的规模约为 1.2 亿人，其中进城农民工约为 1 亿人，跨省流动就业的农民工约为 6 000 万人（劳动和社会保障部课题组，2006）。2004 年春节过后返城的农民工同比增长了 10%（佚名，2004）。全国有 9 000 万的农民常年在外打工，其中，跨省务工者约达 4 000 万人（孙自铎，2004），我国每年新增进城的务工农村劳动力约在 500 万人以上，一般估计我国的剩余劳动力在 1.5 亿人左右（国家统计局人口和就业统计司，2005）。中国目前正经历着人类历史上在和平时期前所未有的、规模最大的人口迁移活动，并成为世界上最大的人口迁移流。目前中国的流动人口已达全国人口的 10% 以上。今后一段时间，农村的耕地面积将不断减少，预计未来 35 年内，我国非农占用的耕地数量将达 1 700 万公顷以上（赵世荣，1999），将分离出更多的剩余劳动力。在城镇化进程中，他们中的大部分将逐步转移到城镇，进城打工的农户将会日益增加。

出于对这种重要社会现象的反应，学术界对该问题进行了较多的研究，有关剩余劳动力转移、农民工等的研究成果很多，相关研究所涉及的内容也十分丰富，经济学、社会学等学科对其进行了大量的研究，但是主要集中于打工的动因与机制（Yang，2000）、打工对劳动力输入地和劳动力流出地及整个经济社会发展的影响（孙自铎，2004）、农业劳动力转移的途径与模式（董文柱，2003）、对农民工合理流动的制度学分析、农民工培训、教育、国内外劳动力转移的比较（黄安余，2005）、农民工流动与城市化（李强，2003）、农民工非持久性迁移研究（马九杰、孟凡友，2003）、农民工社会分层（李强，2000）、区域性农业剩余劳动力转移的现状、问题与对策研究（刘瑞芝，1998）等方面。国外学者在较早和新近对劳动力迁移的经济动因（Lewis，1954）以及个人特征（Stinner et al.，1993）、家庭特征（Massey，1993）、社区因素和关系网络（Portes，1993）、距离因素（Liang and Mchael，1997）对劳动力迁移的影响进行了较多的研究。

地理学对打工空间问题研究的成果相对较少，研究内容主要集中于农民工的区域分布、区域差异、流向（李玉江，1999）、农村剩余劳动力转移空间途径（董文柱，2003）等方面，研究视角侧重于宏观的区域分析，研究方法多采用规范分析，研究数据大多采用统计数据，而基于农户微观视角的农户打工区位的研究成果较少，而此类研究是认识农户打工空间规律和农民工流动规律的基础。本研究主要从村域农户微观角度，探讨打工区位形成中的打工簇问题。在我们对典型样本村的调查中发现，打工簇普遍存在而且是农户打工区位选择的重要方式。本章着重研究：（1）打工簇的表现及其在打工区位选择中的地位；（2）打工簇形成的原因与具体机制；
（3）结论与相应的政策含义。通过研究，有望揭示农户打工簇的规
律，并为调控农民工的合理流动提供参考。

4.1 数据来源与研究区域选择

4.1.1 数据获取

数据主要通过入户问卷调查获取。在国家自然科学基金重点项
目的资助下，通过与当地政府部门的协调，由调查员按照问卷对打
工农户进行了调查。调查员在河南大学环境与规划学院硕士研究生
中和南阳师范学院环境科学与旅游学院本科生中择优选取，包括作
者本人在内，共 12 人。调查员经过严格培训后，在 2006 年 2 月农
历春节时（2006 年 1 月 15 日～2006 年 2 月 20 日），对 3 个样本村
回家过春节的农民工进行了面对面调查。调查员培训的内容包括问
卷调查的目的、意义，访问技巧，注意事项等。本次调查共获取打
工区位调查问卷 303 份，其中有效问卷 288 份。

调查问卷回收后，进行甄别，去除无效问卷，对有效问卷进行
编号，将纸质问卷答案数据输入 Excel 2000 中，形成农户打工区位
数据库，该数据库大小为：$288 \times 157 = 45\ 216$。

4.1.2 研究区域选择

河南省在我国中部农区具有一定的典型性和代表性。河南作为中国最大的农业大省，不仅农业人口众多（乡村人口占69.35%）、农区面积广大（耕地面积8 110.3千公顷，占全国的6.24%），而且农业产值（第一产业产值占全国的8.24%，在31个省级单元中排名第二）和许多农产品（粮食产量占全国9.47%，排名第一，棉花产量占全国的11.84%，排名第三；油料产量占14.6%，排名第一）在全国占有重要地位（河南省统计局，2006）。

南阳市是河南省的农业大市，在农业和农区中具有较强的代表性。2005年，南阳市人口达1 075万人，占到河南省总人口的11%，是河南省18市中人口最多的市，但是城镇化水平仅为30%，低于全省平均水平，南阳市农民人均纯收入为2 894元，排名第11位，居中等水平。2005年南阳市主要农业指标在河南省占据重要位置，如耕地面积、农林牧渔业增加值、油料产量在18市中居于首位，农业从业人员数量、粮食总产量、棉花产量居第二位，粮食播种面积虽然排名第四，但与第二相比相差甚少（河南省统计局，2006）。南阳市也是河南省农民工外出最多的地区之一。

在南阳市内，采用分层抽样方法对样本村进行选择。首先将南阳市214个乡镇按地形（山区、丘陵和平原）进行分层，然后在各分层中进行随即抽样，以确定调查乡镇，最终选取的调查乡镇是社旗县下洼乡（山区）、镇平县曲屯镇（丘陵）和西峡县回车镇（平原）。在3个乡镇中，根据代表性原则、典型性原则和城郊区位条件，分别选取下洼乡山口村石河组、镇平县曲屯镇花栗树村下侯家组和西峡县回车镇红石桥村郭营组作为调查样本村。

4.2 　村农户打工区位选择：打工簇

以村为研究单元，可以发现，虽然一个村的农户到许多地方打工，但是，人数较多的打工地只是少数几个，打工者的打工地具有群聚现象，我们将某个村打工者集中的打工地，叫作打工簇（本章定义为 3 人以上）。

从表 4 - 1 的样本村打工地的统计数据可以明显看出打工簇的存在和打工簇所群聚的打工者。山口村 116 个打工者在外打工地共 20 个，但主要的打工簇只有 6 个，它们是广州、南阳、郑州、杭州、东莞、邢台，其分别占山口村打工人数的 34.5%、13.8%、9.5%、7.8%、5.2% 和 4.3%，6 地合计占到该村打工总人数的 75%。此外还有上海、开封、石家庄、深圳、济南 5 个次要打工簇，这 11 个打工簇集中了打工总人数的 89.7%。下侯家村的打工地更加分散，全村 70 个打工者分散在 25 个打工地，但是主要集中在深圳、广州、南阳、天津、汕头、东莞和苏州，其打工者分别占该村总打工人数的 20%、14.3%、11.4%、8.6%、5.7%、4.3% 和 4.3%，合计则占到总打工人数的 68.6%，而其余 18 个打工地的打工人数仅占到总打工人数的 35.7%，有 15 个打工地的打工人数只有 1 人。红石桥村的打工簇主要是南阳（因该村企业较多，多数人都在此打工），其次为广州和郑州，打工人数分别为 88 人、5 人和 3 人，分别占总打工人数的86.3%、4.9%、2.9%，合计则占到该村全部打工者的94.1%，其余6个打工地每个地方只有1人打工。

表4-1　　　　　　打工者的打工地点分布

山口村			下侯家村			红石桥村		
打工城市（国家）	打工人数	比例（%）	打工城市	打工人数	比例（%）	打工城市（国家）	打工人数	比例（%）
安阳	1	0.86	安顺	1	1.43	大连	1	0.98
北京	2	1.72	北京	1	1.43	东莞	1	0.98
东莞	6	5.17	长春	1	1.43	广州	5	4.90
广州	40	34.49	长治	2	2.86	南阳	88	86.28
杭州	9	7.77	东莞	3	4.29	上海	1	0.98
济南	3	2.59	福州	2	2.86	无锡	1	0.98
焦作	1	0.86	郑州	3	4.29	西安	1	0.98
开封	4	3.45	广州	10	14.28	郑州	3	2.94
洛阳	1	0.86	贵阳	1	1.43	新加坡	1	0.98
南阳	16	13.79	晋江	1	1.43			
上海	4	3.45	南阳	8	11.42			
深圳	3	2.59	平顶山	1	1.43			
石家庄	3	2.59	青岛	1	1.43			
太原	1	0.86	沙市	1	1.43			
西安	1	0.86	汕头	4	5.70			
厦门	2	1.72	深圳	14	20.00			
邢台	5	4.31	苏州	2	2.86			
增城	1	0.86	太原	2	2.86			
郑州	11	9.48	天津	6	8.56			
新加坡	2	1.72	西安	1	1.43			
			厦门	1	1.43			

山口村			下侯家村			红石桥村		
打工城市（国家）	打工人数	比例（%）	打工城市	打工人数	比例（%）	打工城市（国家）	打工人数	比例（%）
			襄樊	1	1.43			
			珠海	1	1.43			
			洛阳	1	1.43			
			南京	1	1.43			
合计	116	100	合计	70	100	合计	102	100

　　与打工地点所表示的打工簇相对应，各村打工者打工地所在省的分布也间接反映了打工簇的存在。对于各村而言，少数的省集中了大多数的打工者。山口村的打工者主要集中在广东省、河南省、浙江省、河北省，该4地打工人数占到打工总数的87.1%，其余7个省市（国家）仅占到12.9%。下侯家村的打工者主要集中于广东省、河南省、天津市和山西省，占该村总打工人数的84.3%，而其余8省则仅仅占到15.7%。红石桥村则主要集中于河南（本村）和广东两省，其余5个省市（国家）则各只有一人打工（见表4-2）。

表4-2　　　各村打工者打工地所在省市（国家）分布

山口村			下侯家村			红石桥村		
打工省市（国家）	打工人数	比例（%）	打工省市	打工人数	比例（%）	打工省市（国家）	打工人数	比例（%）
北京	2	1.72	北京	1	1.43	广东	6	5.88
福建	2	1.72	福建	4	5.71	河南	91	89.22
广东	50	43.11	广东	32	45.71	江苏	1	0.98

山口村			下侯家村			红石桥村		
打工省市（国家）	打工人数	比例（%）	打工省市	打工人数	比例（%）	打工省市（国家）	打工人数	比例（%）
河北	8	6.90	贵州	2	2.86	辽宁	1	0.98
河南	34	29.31	河南	13	18.57	陕西	1	0.98
山东	3	2.59	湖北	2	2.86	上海	1	0.98
山西	1	0.86	吉林	1	1.43	新加坡	1	0.98
陕西	1	0.86	江苏	3	4.29			
上海	4	3.45	山东	1	1.43			
浙江	9	7.76	山西	4	5.71			
新加坡	2	1.72	陕西	1	1.43			
			天津	6	8.57			
合计	116	100	合计	70	100	合计	102	100

4.3 打工簇的形成

　　打工簇形成的主要原因在于打工者的社会关系网络。较早的打工者（种子打工者）在打工地发现有工作岗位时，往往会首先向有打工动机的、关系密切的关系人提供信息、帮助，从而使关系人成为新的打工者。种子打工者在决定向谁提供信息和帮助时，会根据工作岗位的性质在众多备选关系人选择，选择的依据是关系的远近、个体特征的适宜性和协作性。（1）关系的远近。农村中，"关系主义"盛行。依据亲疏远近，关系大致可以分为四类：家人关系、亲戚关系、熟人关系、生人关系。家人关系是家庭成员（父母、子女、兄弟、姐妹及其之间）之间的关系，具有无条件密切的特征（杨国枢，2004）。亲戚关系是有血缘关系的个体之间的关系（如姑、姨、舅、姐夫及其子女的关系），一般而言，亲戚关系是较强的社会关系，具有弱无条件密切的特性。熟人关系是指除家人、亲戚以外的有一定程度了解的个体之间的关系，如邻居、同村、同乡、朋友、同学、战友、师生等。熟人关系根据不同的亲疏远近还可以进一步划分。生人关系是和主体无任何固定和持久联系的个体。家人、亲戚、同村人和关系密切的熟人往往是备选打工者的主体。（2）个体特征的适宜性。即备选打工者的个人特征（如年龄、性别、学历、健康状况、体力强弱等）是否适宜打工的工种。打工者工作的工种多数具有重体力、高强度、超工时的特点，工作环境和居住环境也较差，因此，并不是所有的备选打工者都能胜任种子打工者所了解的需要劳动力的工作。（3）协作性。还有部分种子打工者需要新的打工者在同一工作岗位上与之协作和配合，因此，个体之间的关系强度和默契程度也影响种子打工者对备选打工者的推荐和选择。当然，并不是所有情形都如此。

对于潜在打工者而言，来自强关系的种子打工者的推荐和帮助对其成为新打工者具有重要意义。随着中国现代社会建设、社会转型的发展，中国传统文化所倡导的人伦信任面临许多困惑。农村也是如此，劳动力市场上有时会出现农民工被骗的现象。农民工文化素质较低，长期生活在农村狭小的空间中和简单的人际关系中，较强的外出打工欲望（在商品经济和市场经济的冲击下，不满足乡村的生活），较容易上当受骗，他们没有学习过规避被骗风险的知识，很少经过特长训练，因此，面对严峻的社会现实，农民工只能依赖传统血缘关系和地缘关系建立起来的信任体系。所以，种子打工者的信息供应和物质及情感方面的支持，对潜在打工者的迁移决策具有决定性意义。很多的情况是，种子打工者往往会带动若干甚至更多的打工者到其打工地（有很多在一个企业）打工，因此而产生打工簇现象。

图 4-1 表示了打工簇的形成过程。设某村有 25 个备选打工者，其关系强度由其相对位置决定，距离越近，关系强度越大。由于偶然因素或关系网络因素导致备选打工者 8 到国内 A 地区（图 4-1a~e 中的实线代表国界，虚线代表地区界限，设该国有 4 个区域，从左到右、从上到下依次为 A、B、C、D），从而形成图 4-1a 的打工者分布图。经过一段时间的打工，打工者 8 对打工地有了一定的了解，如果他有较强的社会活动能力，他就有可能掌握打工企业或该地区企业用人情况，假设他所打工的企业需要 4 个劳动力，他就会在备选打工者中依照关系强度的大小引领 4 个备选打工者到该企业或地区打工，从而导致 4 个备选打工者成为 4 个实际的打工者（打工者 7、打工者 12、打工者 14、打工者 9，见图 4-1b），这时，打工者 8 即成为种子打工者。随着时间的延续，会有更多的备选打工者到地区 B 打工，如打工者 3、打工者 4、打工者 5、打工者 10、打工者 15（仍由与打工者的关系强度决定，只不过前期的打工者 9、打工者 14 又成为了新的种子打工者）。此时 B 地区的打工者 12 由于不满足地区 B 的工资收入（也可能有其他原因），而到地区 C 打工（见图 4-1c）。经过一段时间，打工者 12 又引领备选打工者 11、打工者 13、打工者 16、打工者 17 到地区 C 打工（也可能引领地区 B 的打工者），从而打工者 12 成为种子打工者。原来在 B 地区打工

的打工者3由于不满足现状，而在地区A重新开辟新的就业阵地（见图4-1d）。图4-1e表示打工地区A的打工者3又成为种子打工者，引领备选打工者2使其成为实际打工者2；地区B的新老种子打工者不断引领新的打工者到该地打工；地区C的情况同地区B。此时，该村形成了3个打工簇（地区B、C、A），每个打工簇的规模不同。此过程仍将继续下去，直至打工者源地的所有备选打工者都成为实际的打工者。对于后出去的打工者而言，当其同地区A、B、C关系强度相似时，可能在多个打工簇中挑选最合适的地区（城市）去打工。与此同时，对于备选打工者而言，打工除了考虑关系强度外，还根据自己的个人特征和家庭状况决定到哪个地区打工。

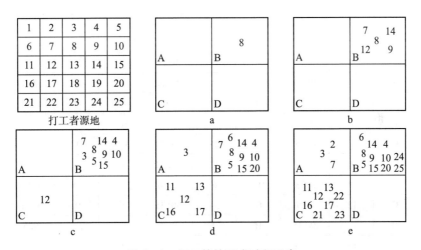

图4-1　打工簇的形成过程示意

以上的分析可能是最简单的情形，实际的打工簇可能不止3个，但是其形成过程基本相似。

从打工者打工途径及其分维可以更清楚地认识种子打工者的作

用。全部打工者中，通过亲戚介绍的占 28.5%，通过同村人介绍的占 25.4%，通过同学朋友介绍的占 8.3%，通过同家族人介绍的占 4.2%，以上四种途径合计占到 66.3%，比例较大，如果再加上复合选项中的选该 4 个选项的比例，则总比例为 68.4%，这表明打工主要是通过关系网络实现的。打工途径中，自己开辟的占比例较大（19.1%），这主要是红石桥村乡镇企业发达，从而造成农民自己联系去这些企业打工（55 例自己开辟打工者中，红石桥村占了 34 例）。此外，通过政府组织的仅占 5.2%，通过中介机构的为 6.6%，通过广播、电视和报纸的比例为 0.69%（见表 4-3）。

表 4-3 不同类型打工地打工途径统计

打工地：全部			打工地：南阳			打工地：非南阳		
途径	频率	百分比（%）	途径	频率	百分比（%）	途径	频率	百分比（%）
A	82	28.47	A	25	22.32	A	57	32.39
AB	1	0.35	B	9	8.04	AB	1	0.57
ABD	1	0.35	C	3	2.68	ABD	1	0.57
ACD	1	0.35	D	21	18.75	ACD	1	0.57
AD	3	1.04	E	12	10.71	AD	3	1.70
B	24	8.33	F	6	5.36	B	15	8.52
C	12	4.17	G	34	30.35	C	9	5.11
D	73	25.35	H	2	1.79	D	52	29.55
E	15	5.20				E	3	1.70
F	19	6.60				F	13	7.39
G	55	19.10				G	21	11.93
H	2	0.69						
合计	288	100	合计	112	100	合计	176	100

注：表中字母含义：A 亲戚介绍；B 同学朋友介绍；C 同家族人介绍；D 同村人介绍；E 政府组织；F 中介机构介绍；G 自己开辟；H 广播、电视和报纸。

　　如果不考虑这种特殊情况，而只考虑不在南阳打工（即在外地打工）的情况，则通过关系网络打工的比例会更大。表 4 – 3 中，打工地在非南阳的打工途径中，通过亲戚介绍的占 32.4%，通过同村人介绍的占 29.6%，通过同学朋友介绍的占 8.5%，通过同家族人介绍的占 5.1%，以上四项合计占 75.6%，如果再加上复合选项中的答案，则总比例为 79%，占打工途径的大多数。而通过政府组织的仅占 1.7%，通过中介机构的为 7.4%，自己开辟的占 11.9%，通过广播、电视和报纸的比例为 0。也就是说，由家人、亲戚、同村人等为主构成的关系网络是潜在打工者成为实际打工者和选择打工地的主要原因。此外，在自己开辟的途径中，打工者也往往考虑对打工地的熟悉程度及拥有的社会关系。

　　各村的情况也是如此。山口村打工途径中，通过亲戚的占 40.5%，通过同村人的占 28.5%，通过同学朋友介绍的占 3.5%，通过同家族人介绍的占 2.6%，四项合计为 75.0%，如果加上复合选项中的比例，则该四种打工途径共占到 80.2%。其他四种打工途径占比例很小。下侯家村通过亲戚介绍、同学朋友介绍、同家族人介绍、同村人介绍四种途径打工的比例为 78.6%，通过政府组织、中介机构介绍、自己开辟途径的比例为 21.4%。由于特殊的原因，红石桥村自己开辟途径占比例较大，但是仍然以亲戚介绍、同学朋友介绍、同家族人介绍、同村人介绍四种途径为主，其比例为 48%。

　　值得注意的是，无论在全部样本中，还是在分维样本中，亲戚介绍、同村人介绍途径占比例最大，在其排名中多居于第一和第二的位置。亲戚（血缘关系）和同村人（地缘关系）成为打工行为实施的最可靠信任主体。尤其是在山口村（山区）中，亲戚占比例最大，达40.5%，而在下侯家村（丘陵）中，排名第一的为同村人。这有可能表明，越是封闭的地区，血缘关系越是重要。

4.4 结论与政策建议

农户打工地的区位选择是农户打工决策的重要方面，对打工区位的研究是认识农民工流动空间规律的基础。通过对河南三个典型样本村的实证研究，我们可以得出以下结论。

第一，打工簇在农户打工地的选择中具有重要作用。从打工者的产生源——自然村观察，尽管打工地较多，但是少数的打工簇集中了多数的打工者，可以认为，打工簇是农户打工地选择的基本规律。尤其是在远距离打工地决策中更是如此。

第二，打工簇形成的主要原因是打工者在打工区位决策中的关系网络的引导。较低人力资本的农民工在复杂社会环境中选择打工区位时，依靠了传统地缘关系和血缘关系。信息技术和商品经济的发展并没有弱化这种传统熟人关系，在现代社会的信任危机中，这种熟人关系网络得到强化和发展。因此，政府应加强社会的诚信建设，以利于农民工的充分合理流动。

第三，种子打工者对潜在打工者打工区位的选择具有重要的引导作用。种子打工者在打工簇的形成中具有关键作用，其示范与信息提供的功能对潜在打工者具有很大的影响，但是其影响的程度主要由关系网络的紧密度决定。政府在发展劳务经济和引导农民工合理流动中，应加强培育和充分发挥种子打工者的作用。

参 考 文 献

[1] 董文柱. 我国农村劳动力转移途径的再思考 [J]. 中国农村经济, 2003 (9): 65 - 68.

[2] 冯仕政. 我国当前的信任危机与社会安全 [J]. 中国人民大学学报, 2004 (2): 25 - 31.

[3] 国家统计局. 2020 年农民工监测调查报告. (2021 - 04 - 30)[2022 - 03 - 28]. http://www. stats. gov. cn/xxgk/sjfb/zxfb2020/202104/t20210430_1816937. html.

[4] 国家统计局人口和就业统计司. 中国人口统计年鉴 2005 [M]. 北京: 中国统计出版社, 2005: 337.

[5] 河南省统计局. 河南统计年鉴 2006 [M]. 北京: 中国统计出版社, 2006.

[6] 黄安余. 大陆与台湾农业劳动力转移比较研究 [J]. 江淮学刊, 2005 (2): 171 - 176.

[7] 劳动和社会保障部课题组. 当前农民工流动就业数量, 结构与特点 [N]. 工人日报, 2006 - 02 - 14.

[8] 李强. 中国城市中的二元劳动力市场与底层精英问题 [J]. 清华社会学评论, 2000 (S): 151 - 167.

[9] 李强. 当前我国城市化和流动人口的几个理论问题 [A]. 李培林. 农民工中国进城农民工的经济社会分析 [M]. 北京: 社会科学文献出版社, 2003: 41 - 53.

[10] 李玉江. 农业剩余劳动力转移区域研究 [M]. 济南: 山东人民出版社, 1999: 220 - 228.

[11] 刘瑞芝. 九十年代河南农村剩余劳动力转移的经济分析 [J]. 中州学刊, 1998 (5): 46-49.

[12] 马九杰, 孟凡友. 农民工迁移非持久性的影响因素分析 [J]. 改革, 2003 (4): 77-85.

[13] 孙自铎. 农民跨省务工对区域经济发展的影响研究 [J]. 中国农村经济, 2004 (3): 28-33.

[14] 王绍光, 刘欣. 信任的基础: 一种理性的解释 [J]. 社会学研究, 2002 (3): 23-39.

[15] 杨国枢. 中国人的心理与行为: 本土化研究 [M]. 北京: 中国人民大学出版社, 2004: 103.

[16] 佚名. 中国劳动力已达7.4亿 [J]. 兵团党校学报, 2004 (2): 16.

[17] 赵世荣. 非农产业的发展与就业机会的创造 [J]. 劳动经济与人力资源管理, 1999 (7): 3-5.

[18] 朱玉, 郑黎. 我国流动人口约1.4亿 超过全国人口总数的10% [EB/OL]. (2004-11-01) [2007-11-06]. https: // news. sina. com. cn/c/2004-11-01/17224107461s. shtml.

[19] Lewis W A. Economic development with unlimited supplies of labor [J]. Manchester School of Economic and Social Studies, 1954, 22: 139-191.

[20] Liang Z, Mchael W. Market transition, government policies, and inter provincial migration in China: 1983-1988 [J]. Economic Development and Cultural Change, 1997, 45 (2): 321-339.

[21] Massey D S. Theories of international migration: review and

appraisal ［J］. Population and Development Review, 1993, 19 （3）:
431 – 466.

［22］ Portes A. Embeddedness and immigration: Notes on the deter-
minants of economic action ［J］. American Journal of Sociology, 1993,
98: 1320 – 1350.

［23］ Stinner W F, Xu W, Wei J. Migrant status and labor market
outcomes in urban and rural Hebei province ［J］. China Rural Sociology,
1993, 58: 366 – 386.

［24］ Yang X S. Determinants of migration intentions in Hubei Prov-
ince, China: individual versus family migration ［J］. Environment and
Planning A, 2000, 32: 769 – 787.

第 5 章

农民工务工目的地分布研究

　　农民外出务工是农民增收的重要手段，已成为一种普遍现象。据统计，全国农民工总量为 2.42 亿人，其中外出农民工数量为 1.53 亿人（人力资源和社会保障部，2011），全国农民工资性收入已占农户家庭总收入的 29.0%，而且呈现出增加趋势（国家统计局农村社会经济调查总队，2010）。外出务工目的地的选择是外出务工的基本元素，民工流的实质就是农民工从居住地到务工地的空间移动，开展农民工务工目的地的空间研究，对于揭示民工流的规律具有重要意义。河南为我国人口大省，也是我国农民工大省，2010 年跨省流动农民工总量为 1 207 万人（曲昌荣，2011），长期居全国之首，居中的位置使农民工空间流动呈现多样化的特点，对河南省农民工务工目的地空间分布的研究，在全国具有较大的典型性和代表性。

　　对农民工问题的研究，成果颇丰，但主要来自经济学和社会学等学科。相关研究主要集中于务工的动因与机制（Yang，2000）、务工对劳动力输入地和劳动力流出地及整个经济社会发展的影响（刘秀梅、田维明，2005）、农业劳动力转移的途径与模式（董文柱，2003）、对农民工合理流动的制度学分析、农民工培训、教育、国内外劳动力转移的比较（黄安余，2005）、农民工流动与城市化、农民工非持久性迁移研究、农民工社会分层、区域性农业剩余劳动力转移的现状、问题与对策研究（刘瑞芝，1998）等方面。国外学者在较早和新近对劳动力迁移的经济动因（Stark and Taylor，1991）以及个人特征（Greenwood，1981）、家庭特征（Massey，1993）、社区因素和关系网络（Portes and Sensenbrenner，1993）、距离因素（Liang and White，1997）对劳动力迁移的影响进行了较多的研究。

地理学对务工空间问题研究的成果相对较少，研究内容主要集中于农民工的区域分布、区域差异、流向（李玉江，1999；蔡昉，1998）、农村剩余劳动力转移的空间途径（黄安余，2005）等方面，研究视角侧重于宏观的区域分析，研究方法多采用规范分析，研究数据大多是采用统计数据，而基于农民工微观视角的务工目的地的研究成果较少。不过近年来，个别学者也开展了相关研究（高更和等，2009；高更和等，2007；高更和等，2008），但研究样本主要集中在少数村庄，样本数量较少。本章以随机分层抽样得出的、在较大程度上能代表河南省农民工流动特点的 11 个样本村 1 251 户为例，对河南省农民工务工目的地的空间分布特点和规律进行研究。

5.1　数据来源

本研究数据来源于作者参与完成的"河南农户调查数据库"，调研对象为分层抽样选择的 11 个村 1 251 户农户。该数据库曾得到国家自然科学基金重点项目（40535025）的资助。

5.1.1 样本选择

首先采用随机分层抽样方法确定调查乡镇。分层主要考虑了地形、通达性、土地类型和经济水平4个因子，其中，地形因子可分为平原、丘陵和山地；通达性分为城郊、中等通达和偏远；土地类型分为水田、旱地水浇地和园林草地；经济发展水平分为高（高于平均水平10%以上）、中（在平均水平±10%之间）、低（在平均水平−10%以下）3类。在形成的81类乡镇中，剔除掉实际不存在的13类乡镇和乡镇数占全省总乡镇数比例小于2%的类别，形成11类乡镇，其代表了河南省81.91%（1 562个）的乡镇。其次，我们在所选取的11个类别中，每类随机抽取1个乡镇作为调查村选取对象。最后，按照典型代表性原则在乡镇中选择调查村。通过实地考察和同乡镇负责人座谈，选取在地形、通达性、土地类型和经济水平这四个方面可以代表该乡镇特点的一个行政村作为调查村。

5.1.2 数据获取与处理

根据所设计的调查问卷，于2008年4月进行了实地调查。调查分为三个组，每组6~8人，分别由河南大学和河南财经政法大学的教师、博士生、硕士生和少数高年级大学生组成。调查结束后，对数据进行编码和录入，最终形成11个村、1 251家农户、每个农户556个属性数据的数据库。该数据库为本章研究的基础数据。

5.2　务工目的地分布

　　样本务工者的务工地主要分布于河南、广东、山东、北京、上海、浙江、江苏、天津、山西、福建、辽宁、湖南、新疆、河北、陕西、内蒙古、安徽、四川、贵州、吉林、海南、重庆、青海、湖北 24 个省区市。主要集中于河南、广东、山东、北京、上海、浙江 6 省市，务工者共 901 人，占总务工者的 86.8%，每省（市）务工人数均在 50 人以上；其次为江苏、天津、山西、福建、辽宁、湖南、新疆、河北、陕西 7 省市，平均务工人数在 5 人以上；其余省份分布较少，平均只有 1~2 个务工者。整体而言，除本省外，务工地主要分布于制造业比较发达的沿海地区和务工者来源地附近的省份，西北地区、西南地区和东北地区分布极少。此外在巴西务工 3 人，主要从事眼镜制造工作，由其在国内的公司委派出国。

　　务工目的地分布距离较远，具有整体分散和局部集中的特点。除国外务工者外，样本务工者的平均务工距离为 817.85 千米，有近一半以上的人在 1 000 千米以外的地区务工。务工距离比较分散（见图 5-1），从 0 千米到 3 819 千米的务工者均有分布。距离最近的为在本村或其附近的务工者，最远距离为到新疆务工者。务工者主要集中在当地（100 千米以内）和 800~1 700 千米之间，前者务工者比例为 29.8%，后者为 51.93%，二者合计为 81.73%。800~1 700 千米的地区主要为经济较为发达的广东、山东、北京、上海、浙江、江苏、天津等省区。据调查样本统计，有 29.77% 的人在 100

千米内务工，53.28%的人在 1 000 千米之内务工，95.76%的人在 1 700千米之内务工。

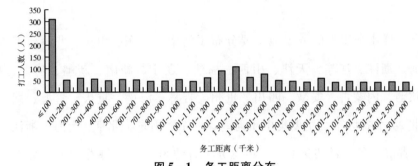

图 5 – 1　务工距离分布

　　从各村观察，务工者在省级尺度上和点位尺度上集中更为明显。尽管各村务工省（区、市）较多，但多数的务工者主要集中于少数的省（区、市）。石棺村的样本务工者分布于 7 个省级单元，但是主要集中河南省，其务工人数占到该村样本务工者的92.59%。墙南村 72 个务工者主要分布在河南省，所占比例为90.28%，其他省份每个只有 1~3 人。其余各村情况均如此（见表5–1），只不过在集中程度上存在差异。据调查，在点位尺度上（城市尺度），务工簇现象（指同村人 10 人以上在同一城市）也十分明显，少数的务工簇集中了多数的务工者。务工簇的形成主要与务工地决策中的关系网络因子有关，是农民工迁移决策中综合考虑规避务工风险和减少迁移成本后的结果。

表 5 - 1　　　　　　　　各村务工者在省级尺度上的集聚

村	样本务工人数（人）	务工省（区、市）数（人）	省级务工簇[a]	省级务工簇数（个）	省级务工簇相对规模[b]（％）
石棺村	108	7	I	1	92.59
大寺郭村	94	16	A, H, I, J	4	78.72
墙南村	72	6	I	1	90.28
北宋村	72	10	B, H, I, J	4	87.50
上河村	44	10	F, I, J	3	68.18
董楼村	110	10	A, E, G, H, I, J	6	92.73
阎洼村	79	14	C, E, G, I, J	5	78.48
阴西村	111	12	I, J	2	87.39
余庄村	99	11	E, I, J	3	81.81
祖岗村	122	13	A, B, D, I, J	5	82.79
陈湾村	127	10	A, E, G, I, J	5	93.70

注：[a] 省级务工簇中各代号所代表的省级行政单元：北京 A，天津 B，山西 C，辽宁 D，上海 E，江苏 F，浙江 G，山东 H，河南 I，广东 J。[b] 省级务工簇相对规模指省级务工簇务工人数占该村全部样本务工者的比例。

在务工目的地的行政空间上分布上，主要集中于县内和省外，而县外市内和市外省内较少。据调查，样本务工者务工地在本县内的 253 人，占全部务工者的 24.37％，省外务工者 660 人，占全部务工者的 63.58％，二者合计则占到 87.95％。而县外市内仅 41 人，占 3.95％，市外省内 84 人，占 8.09％。从中可以看出，务工者要么在当地（县内）务工，要么在经济较为发达、能取得较高收入的地区务工，务工人数随务工距离的分布具有两端多、中间少的"U"

形分布特点。由于现代交通运输业比较发达，出行比较方便，迁移的物理成本较低，所以，务工者在做出务工迁移决策后，更注重能否找到工作和能否取得较高的收入，而对交通距离关注程度较小。

从三大地带上看，务工者主要集中在东部地带，其次为务工者来源地所在的中部地带，西部地带最少。据调查统计，东部地带务工人数为 632 人，占总样本的 60.89%，中部地带 385 人，占 37.09%，西部地带 21 人，占 2.02%。东部地带是我国经济最为发达的地区，改革开放后经济的快速发展，形成了我国最大的劳动力就业市场，尤其是制造业的高速发展，吸引了大量的来自中部地区的务工者。虽然东部地区的某些省份距离务工者来源地较远，但较高的工资收入和较高的被雇用概率，促使其成为重要的务工地。相反，中部地区作为务工者来源地，并没有成为最大的务工地，其原因是制造业较为落后导致的工作岗位较少和收入较低所致。西部地区既经济落后又距离遥远，因此务工者极少。

5.3 务工目的地选择因素分析

务工目的地分布的核心问题是距离问题，务工距离在很大程度上影响或决定着务工目的地的行政区域、行政空间和务工地带，因此，我们将主要从务工距离入手分析务工目的地选择的影响因素。

5.3.1　变量设计

影响农民外出务工目的地选择的因素可概括为个人、家庭、社区三大类变量，其中，个人特征变量包括务工者本人的性别、年龄、学历、婚姻状况等因子；家庭因素包括务工者所在家庭的人口规模、劳动力数、家庭类型、人均耕地、几代家庭，上学人数等因子；社区变量包括务工者所在村的经济发展水平（用所在乡镇第二产业产值表示）、村地形、关系网络、村交通（用村离最近公路的距离表示）、离最近城市的距离等因子。除物理意义明显的指标外，其他指标的具体赋值方法为如下。性别：男性 1，女性 0；婚姻：结婚 1，未婚 0；家庭类型：核心家庭 1，直系家庭 2，扩展家庭 3；村地形：平原 1，丘陵 2，山区 3；关系网络引导：若为关系网络引导到该地务工，则其值为 1，否则为 0。经相关分析，因子之间不存在自相关关系，因此，上述因子均被纳入模型之中。

5.3.2　模型与讨论

将务工距离分为本地（100 千米内）和外地（100 千米以外）两类，采用 SPSS13.0 中的二元逻辑回归模块进行分析，将个人因素、家庭因素和社区因素同时引入可得到模型的估计参数（见表 5-2）。经过 5 次迭代后，模型停止了运算，最终模型的拟合度较高，Nagelkerke R^2 为 0.7447，模型的 Hosmer & Lemeshow 检验显著性水平很高，为 0.000，达到了比较满意的拟合效果。

表 5 - 2 　　　　　　务工距离的二元逻辑回归模型参数估计

因子	估计参数（B）	标准误	Wald 值	自由度	显著性水平	Exp（B）
性别	0.1758	0.2014	0.7616	1.0000	0.3828	1.1922
年龄	- 0.0381	0.0094	16.3843	1.0000	0.0001	0.9626
学历	- 0.0464	0.1154	0.1613	1.0000	0.6880	0.9547
婚姻	0.0121	0.1327	0.0083	1.0000	0.9275	1.0121
家庭人口	0.4385	0.1409	9.6909	1.0000	0.0019	1.5504
劳动力数	0.2274	0.1171	3.7684	1.0000	0.0522	0.7966
家庭类型	- 0.0832	0.2342	0.1262	1.0000	0.7224	0.9202
人均耕地	0.3516	0.1549	5.1486	1.0000	0.0233	1.4213
几代家庭	- 0.4062	0.2851	2.0296	1.0000	0.1543	0.6662
上学人数	- 0.0940	0.1490	0.3985	1.0000	0.5279	0.9103
村经济发展水平	- 0.0007	0.0001	32.4102	1.0000	0.0000	0.9993
村地形	- 1.3763	0.2387	33.2459	1.0000	0.0000	0.2525
村交通	0.6150	0.1069	33.0818	1.0000	0.0000	1.8497
离最近城市的距离	0.0858	0.0100	73.1476	1.0000	0.0000	1.0895
关系网络	0.4890	0.1752	7.7943	1.0000	0.0052	1.6308
常数	3.3212	0.8949	13.7743	1.0000	0.0002	27.6939

注：①因变量：本地为0；外地为1（以100千米为界）。②模型综合检验显著性水平为0.05。

模型中，年龄、家庭人口、人均耕地、村经济发展水平、村地形、村交通、离最近城市距离、关系网络等因子达到了显著性水平。

个人因素中，只有年龄因子达到了显著性水平。年龄是影响务工者形成的重要因素，外出务工者多为中青年劳动力，同时，年龄对务工距离的选择也具有重要意义，模型中年龄的系数为负，表明年龄越大，在本地务工的概率越大，年龄越小，在外地务工的概率越大。其原因是年龄较小者对远方的外面世界充满了好奇，同时外地就业的工资较高，甚至有些年轻人认为，在本地务工没什么意思。年龄较大者，体力下降，家庭负担较重，家中有许多事情需要处理，因而在本地务工的概率较大。

家庭因素中，家庭人口、人均耕地达到了显著性水平。家庭人口因子系数为正，表明家庭人口较多者，在外地务工的概率较大，反之亦然。其原因可能是家庭人口规模较小者，务工者多是家庭中的父母等核心成员，为了能照顾家中的孩子和处理家庭日常事务，他们往往选择在本地务工。家庭人口规模较大者，子女一般年龄较大，不论是子女外出务工或是父母外出务工，所受到的家庭拉力较小。人均耕地因子系数为正，说明人均耕地面积越大，在外地务工的概率越大，反之亦然。一般而言，中部地区由于人口众多，人均耕地面积差别不大，因此一般意义上的耕地面积大小不会对农民外出距离大小产生影响。但是，这里人均耕地面积大小与地形和经济发展水平相联结。地形复杂地区（如山地和丘陵地区）人均耕地较大，城郊经济发达地区人均耕地较小。经济落后地区由于乡镇企业不发达，不能吸收剩余劳动力的就业，因此，农民务工只能选择在外地，经济较为发达地区情况则相反。

社区因素中的各因子都达到了显著性水平。村经济发展水平因子系数为负，表明经济发展水平越高，在本地务工的概率越大，反之亦然。其原因可能是，经济发展水平较高的地区，乡镇企业较为发达，就业岗位较多，农民为了既能照顾家庭成员又能务工挣钱，同时又能规避迁移风险，因此多选择在本地务工。相反，经济较为落后地区,农民则只能背井离乡,选择在外地务工。村地形因子的影响,主要通过乡镇经济发展水平起作用。村交通因子的系数为正,说明离最近公路的距离越远,到外地务工的概率越大,其形成仍与经济发展水平所导致的就业岗位有关。由离最近城市距离所决定的城郊区位是影响农民务工距离选择的重要因子,距离县城或城市越近,其在这些经济中心务工的概率越大,距离越远,则在外地务工的概率越大。在调查中发现,城市近郊的农民大多选择在本地城市务工。关系网络因子系数为正,说明到外地务工区位的决定与关系网络的引导密切相关。关系网络不仅为务工者提供信息,同时也可能为务工者提供资金帮助、生活照顾和情感支持。多数的务工者均由亲戚、同学、朋友、同族人、同村人介绍去务工并一同前往。

总之,年龄较小者、家庭人口较多者、人均耕地较大者选择在外地务工的概率较大,经济发展水平较高、地形较平坦、交通较发达、离最近城市距离较近村庄的农民选择在本地就业的概率较大,关系网络对在外地务工者的目的地选择具有重要影响。除此之外的性别、学历、婚姻、劳动力数、家庭类型、几代家庭、上学人数等因子对农民务工目的地的选择不具有显著影响。

5.4 目的地因素对务工地选择的影响

农民工对务工地的选择除了考虑劳动力流出地的各种因素外,还要考虑流入地的各种影响因素,例如对目的地的熟悉程度(上述关系网络因子对此有重要影响），经济发展水平，工资的高低，目的地能否找到工作，务工距离等。地区生产总值是衡量地区经济发展水平、工资高低和工作岗位数量的重要因素，以下我们将主要分析地区生产总值和距离对农民务工地选择的影响。

　　一般而言，农民务工的主要目的是获取较高的工资性收入，因此，能够找到工作、工资收入较高、距离较近的地方是务工者首选。经济比较发达地区往往工作岗位较多且工资较高，因此农民工一般选择在经济较为发达的地区。但同时，农民工也考虑距离因素的影响，在本地务工，由于社会资源相对丰富，因而迁移风险很小，因此，如果本地存在就业岗位，农民工将多选择在本地务工。在本地务工还同时具有照顾家庭其他成员的作用。如果本地没有就业岗位或者工资很低，农民将选择在外地务工。为了综合分析经济发展水平和距离对务工目的地选择的影响，我们提出了务工引力系数的概念。

$$M = \alpha \times \frac{e}{e_{max}} + \beta \times \frac{d_{max} - d}{d_{max}} \qquad (5-1)$$

　　式中，M 为务工引力系数，取值为 0~1，其值越大，意味着务工目的地引力越大，农民工到此务工的概率越大，e 为目的地地区生产总值，d 为目的地到务工者源地所在城市的铁路距离，e_{max} 为目的地地区生产总值的最大值，d_{max} 为铁路距离的最大值。α、β 为经验系数，这里 $\alpha = 0.2$，$\beta = 0.8$。根据式（5-1）可计算得到各省（区、市）目的地对河南省农民工的务工引力系数（见表5-3）。

表 5 – 3   各地区务工引力系数

地区	M	地区	M	地区	M
北京	0.41	安徽	0.36	重庆	0.23
天津	0.28	福建	0.34	四川	0.38
河北	0.54	江西	0.29	贵州	0.16
山西	0.32	山东	0.82	云南	0.15
内蒙古	0.26	河南	0.58	西藏	0.01
辽宁	0.39	湖北	0.40	陕西	0.30
吉林	0.22	湖南	0.38	甘肃	0.20
黑龙江	0.27	广东	0.90	青海	0.14
上海	0.47	广西	0.23	宁夏	0.14
江苏	0.81	海南	0.09	新疆	0.11
浙江	0.62				

务工引力系数较好地解释了河南省农民工务工目的地的选择。据计算，各省份务工人数与务工引力系数的相关系数为 0.782（显著性水平为 0.000），说明务工引力系数越大的地区，河南省的务工者数量越大，外地务工引力系数越小的地区，河南省的务工者数量越少。根据计算，在我国 31 个省（区、市）中（不包含港澳台地区），务工引力系数排在前 5 位的为广东（0.90）、其次为山东（0.82）、江苏（0.81）、浙江（0.62）、河南（0.58），这些省份经济较为发达且距离河南省较近，因而务工人数最多，其对应的务工人数分别为 240 人、105 人、29 人、55 人、356 人，排在后 5 位的为青海（0.14）、宁夏（0.14）、新疆（0.11）、海南（0.09）、西藏（0.01），其务工人数很少，分别为 1 人、0 人、8 人、1 人、0 人。

5.5　结论与讨论

务工目的地选择是农民工空间流动的基础，对其研究有助于在微观层面上了解农民工流动的空间规律。通过对河南省 11 个不同类型样本村的实证研究，可得到以下结论。

第一，务工目的地分布大分散、小集中，县内和省外占较大优势。务工距离整体分散，表明农民工对务工地选择具有多样性，局部集中，则意味着务工地具有集群性。农民工要么选择在当地务工，要么选择在经济较为发达、可以获得较高报酬的外地务工，而选择在县外市内、市外省内务工的概率较小。在三大地带上，务工者主要集中于东部经济较为发达的省市，中部作为务工源并未形成最核心的务工区域。在现代交通运输比较发达的情况下，距离因子对迁移者数量的影响具有复杂性，迁移者往往集中于制造业较为发达的某些省份。

第二，从省域尺度分析，综合考虑务工目的地经济发展水平和务工距离的务工引力系数在较大程度上解释了农民对务工目的地的选择，即经济较发达、距离较近的目的地是务工者的首选。

第三，影响农民工务工目的地距离选择的主要因素是年龄、家庭人口、人均耕地、村经济发展水平、村地形、村交通、离最近城市距离、关系网络等因子。农民工对务工地的选择是综合考虑个人、家庭和社区因素的结果，是理性的。其中，削减家务管理成本和规避移动风险具有核心作用，政府应当重视移出区的社会保障事业和社会化服务业的发展，同时应规范劳动力流动市场和降低移动者的风险，以利于农民工的合理流动。地理环境因素对农民务工目的地的选择具有重要影响，研究并未发现随着现代交通和通讯业的发展，地理因素在解释农区差异中的重要性正在下降。

参 考 文 献

[1] 蔡昉. 转轨时期中国劳动力迁移的区域特征 [J]. 当代亚太，1998（7）：19-23.

[2] 董文柱. 我国农村劳动力转移途径的再思考 [J]. 中国农村经济，2003（9）：65-68.

[3] 高更和，陈淑兰，李小建. 中部农区农户打工簇研究——以河南省三个样本村为例 [J]. 经济地理，2008（2）：313-317.

[4] 高更和，李小建，乔家君. 论中部农区农户打工区位选择影响因素——以河南省三个样本村为例 [J]. 地理研究，2009（6）：1484-1493.

[5] 高更和，梁亚红，李小建. 中部农区农户打工地城镇规模类型——以河南省三个样本村为例 [J]. 经济地理，2007（6）：922-926.

[6] 国家统计局农村社会经济调查总队. 农村住户调查年鉴 [M]. 北京：中国统计出版社，2010：28.

[7] 黄安余. 大陆与台湾农业劳动力转移比较研究 [J]. 江淮学刊，2005（2）：171-176.

[8] 李玉江. 农业剩余劳动力转移区域研究 [M]. 济南：山东人民出版社，1999：220-228.

［9］刘瑞芝. 九十年代河南农村剩余劳动力转移的经济分析［J］. 中州学刊，1998（5）：46 – 49.

［10］刘秀梅，田维明. 我国农村劳动力转移对经济增长的贡献分析［J］. 管理世界，2005（1）：91 – 95.

［11］曲昌荣. 河南农民工"家门口"就业数量首超省外［EB/OL］.（2011 – 12 – 02）［2011 – 12 – 06］. http：//www. cicn. com. cn/content/2011 – 12/02/content_107045. htm.

［12］人力资源和社会保障部. 2010 年度人力资源和社会保障事业发展统计公报［EB/OL］.（2011 – 05 – 24）［2011 – 12 – 06］. http：//www. molss. gov. cn/gb/zwxx/2011 – 05/24/content_391125. htm.

［13］Greenwood M J. Human Migration：Theory，Models，and Empirical Evidence［J］. Journal of Regional Science，1981，25：521 – 544.

［14］Liang Z，White M J. Market Transition，Government Policies，and Inter-provincial Migration in China：1983 – 1988［J］. Economic Development and Cultural Change，1997，45（2）：321 – 339.

［15］Massey D S. et al. Theories of International Migration：A Review and Appraisal［J］. Population and Development Review，1993，19（3）：431 – 466.

［16］Portes A，Sensenbrenner J. Embeddedness and Immigration：Notes on the Determinants of Economic Action［J］. American Journal of Sociology，1993，98：1320 – 1350.

［17］Stark O，Taylor J E. Migration Incentives，Migration Types：The Role of Relative Deprivation［J］. The Economic Journal，1991，

101: 1163 –1178.

［18］Yang X S. Determinants of Migration Intentions in Hubei Province, China: Individual versus Family Migration ［J］. Environment and Planning A, 2000, 32: 769 –787.

第 6 章

中部农区农户打工距离研究

20 世纪 90 年代以后，民工潮日益成为我国社会发展的重大问题，打工队伍越来越庞大，农户打工成为一种重要的社会经济现象，对我国经济社会的发展产生着越来越重要的影响。据研究，农村劳动力流动就业的规模约为 1.2 亿人，其中进城农民工约为 1 亿人，跨省流动就业的农民工约为 6 000 万人（劳动和社会保障部课题组，2006）。中国目前正经历着人类历史上在和平时期前所未有的、规模最大的人口迁移活动，并成为世界上最大的人口迁移流（中国人口·资源与环境编辑部，2006）。对此，学术界进行了大量研究，研究成果丰硕，不过相关研究成果主要集中于打工的动因与机制（Yang，2000）、打工的经济与社会影响（刘秀梅、田维明，2003）、剩余劳动力转移模式（董文柱，2003）、农民工流动与城市化、区域性劳动力转移对策研究（刘瑞芝，1998）、劳动力转移的国内外比较研究（黄安余，2005）等领域。国外学者的研究主要集中于两个方面，第一，对劳动力迁移的经济动因的研究（Stark and Taylor，1991）。第二，对劳动力迁移影响因素的研究，这些因素主要包括家庭特征（Massey et al.，1993）、个人特征（Greenwood，

1981）、社区因素和关系网络（Portes and Sensenbrenner，1993）、距离因素（Liang and White，1997）等。以上这些研究主要来自经济学、社会学等学科，地理学对此也有涉及，但成果较少，研究领域主要集中在农民工分布与流向（李玉江，1999；蔡昉，1998）、转移空间途径（黄安余，2005）等方面，研究方法以规范分析为主，研究数据主要是统计数据，分析视角侧重于宏观，而基于微观视角的农户打工区位的研究成果较少，而此类研究是认识农民工流动空间规律的基础。

本章研究主要从村域农户微观角度，探讨打工区位中的打工距离问题，即打工距离的分布规律和打工距离选择的影响因素。通过研究有望揭示农户打工距离的规律，并为调控农民工的合理流动提供参考。

6.1 数据来源与研究区域选择

6.1.1 数据获取

数据主要通过入户问卷调查获取。在国家自然科学基金重点项目的资助下，通过与当地政府部门的协调，由调查员按照问卷对打工农户进行了调查。调查员在河南大学环境与规划学院硕士研究生中和南阳师范学院环境科学与旅游学院本科生中择优选取，包括作者本人在内，共12人。调查员经过严格培训后，在2006年2月农历春节前后，对3个样本村回家过春节的农民工进行了面对面调查。

调查员培训的内容包括问卷调查的目的、意义，访问技巧，注意事项等。本次调查共获取打工区位调查问卷 303 份，其中有效问卷 288 份。调查问卷回收后，进行甄别，去除无效问卷，对有效问卷进行编号，将纸质问卷答案数据输入 Excel 2000 中，形成农户打工区位数据库，该数据库大小为：$288 \times 157 = 45\ 216$。

6.1.2　研究区域选择

河南省在我国中部农区具有一定的典型性和代表性。中部地区农区和农户具有一些独特之处（李小建，2005）。例如，农村人均收入低且增长缓慢，以传统耕作业为主，受外部影响较小，传统观念尚有根基，劳动力外流现象突出。而河南省则具有代表性，例如，2005 年河南省农村居民家庭人均纯收入 2 870.58 元，在中部 6 省中，仅高于安徽省，排名倒数第二。河南省乡村户数、乡村人口、乡村从业人员、农林牧渔业从业人员、耕地面积均居中部 6 省之首，其占中部 6 省的比例分别为 27.61%、28.20%、31.11%、32.80%、26.53%。2005 年，河南省农林牧渔业增加值为 3 309.70 亿元，占中部 6 省的 31.72%，其中，农业增加值 1 790.37 亿元，占中部 6 省的 33.90%（国家统计局，2006）。河南省还是我国农业剩余劳动力输出最多的省份之一。河南省属于典型的农区类型。南阳市在河南省农区中的位置与河南省在中部 6 省中的位置相似，是河南省的农业大市，在农业和农区中具有较强的代表性。在南阳市内，采用分层抽样方法对样本村进行选择。首先将南阳市 214 个乡镇按地形（山区、丘陵和平原）进行分层，然后在各分层中进行随机抽样，以确定调查乡镇，最终选取的调查乡镇是社旗县下洼乡（山区）、镇平县曲屯镇（丘陵）和西峡县回车镇（平原）。在三个乡镇中，根据代表性原则、典型性原则和城郊区位条件，分别选取下洼乡山口村石河组、镇平县曲屯镇花栗树村下侯家组和西峡县回车镇红石桥村郭营组作为调查样本村。

6.2 打工地距离分布

　　样本打工者的打工地分布于北京、上海、天津、福建、广东、贵州、河北、河南、湖北、吉林、江苏、辽宁、山东、陕西、山西、浙江 16 个省市，主要集中于河南、广东两省，其分别占总打工者的 47.9% 和 31.5%，其次为浙江、河北、天津、上海、山西、江苏、福建，再次为北京、陕西，其余省市分布较少。整体而言，打工地主要分布于制造业比较发达的广东省和打工者来源地附近的省份，沿海省份整体较多。西北地区、西南地区和东北地区分布极少，其原因与距离和制造业发达程度有关。此外在新加坡打工 3 位，主要从事船员工作，由职业中介机构组织实施。具体到国内，打工者分布在上述 16 个省市的 38 个城市中。它们主要是南阳、广州、东莞、杭州、郑州、深圳、天津、邢台、上海等。

　　打工者的平均打工距离较远，打工距离具有整体分散的特点。全体样本的平均打工距离为 843 千米，有一半以上的人在 1 200 千米以外的地区打工。打工距离比较分散（见图 6-1），0~2 732 千米的打工者均有分布。距离最近的为在本村打工的零距离打工者，共 89 位，他们打工的工厂是位于本村的企业，其打工距离可以忽略不计。最远距离为到新加坡作船员的打工者，旅行距离为 2 732 千米。根据调查样本统计，有 24.7% 的人在本村打工，33.1% 的人在 70 千米内打工，50% 的人在 1 230 千米之内打工，90% 的人在 1 700 千米之内打工。

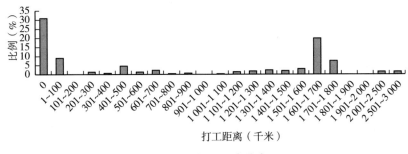

图 6-1　打工距离分布

打工距离的分布同时具有局部集中的特点。除了零距离和近距离（100 千米之内）打工者较为集中外，较远打工距离中有 4 个高峰，1 582 千米处打工者的比例为 6.1%，1 602 千米处为 10.8%，1 672 千米处为 5.6%，1 744 千米处为 7.2%。这 4 处的打工者占到全部打工者的 29.7%，此外，420 千米和 440 千米处也有 2 个次高峰，其打工者所占比例均为 2.5%。以上 6 处合计占到打工者的 34.7%，如果再加上零距离和近距离的打工者，则其比例上升到 74.62%。

打工距离的整体分散，表明由打工者自己决定的打工地的分布具有多样性，打工距离的局部集中则表明打工者在选择打工距离（打工地）的集中性，即较多的人集中到几个地方打工，集中的地方如广州、深圳、东莞、郑州等。

如果去掉国外打工的 3 例打工者，可对国内不同打工距离的不同打工人数比例进行曲线拟合，在 9 种模型中，拟合度最高的为 Cubic 函数，回归方程为：

$$y = 17.697 - 0.059x - 0.0000552x^2 - 0.0000000133x^3 \quad (6-1)$$

$R = 0.717$，$F = 5.305$，$Sig. = 0.011$。

式中，x 为打工距离，y 为打工人数比例。其图形如图 6-2a 所示。

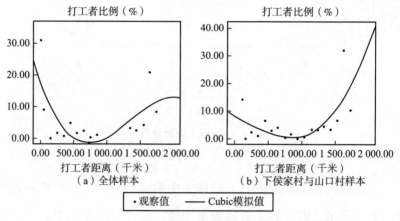

图 6-2 国内打工人数比例随距离的变化

如果不考虑红石桥村（本村打工者很多），同时删除 1 900 千米以上（例数很少，不具有代表性）的打工者，则可得到一般村庄打工距离的模拟曲线，其形状具有明显的"U"形的特点。函数为 Cubic，回归方程为：

$$y = 8.1715 - 0.01209x - 0.0000024x^2 - 0.0000000073x^3$$

$$(6-2)$$

$R = 0.701$，$F = 3.6130$，$Sig. = 0.0403$。

式中，x 为打工距离，y 为打工人数比例。其图形如图 6-2b 所示。

6.3　打工区位选择因素分析

6.3.1　变量设计

影响农民外出打工的因素可概括为个人、家庭、社区三大类变量，其中，个人特征变量包括打工者本人的性别、年龄、学历、婚姻状况等因素；家庭因素包括打工者所在家庭的人口规模、劳动力数、家庭类型、家庭生命周期、人均耕地、家庭代数（即家庭由几代人组成）、上学人数等指标；社区变量包括打工者所在村的人均GDP、地形、关系网络、城郊类型、交通状况（用村离最近公路的距离表示）、距最近城市的距离等指标。除物理意义明显的指标外，其他指标的具体赋值方法为如下。性别：男性1，女性0；婚姻：结婚1，未婚0；家庭类型：核心家庭1，直系家庭2，扩展家庭3；家庭生命周期：形成1，扩展2，稳定3，收缩4，空巢5，解体6；村地形：平原1，丘陵2，山区3；村城郊类型：城郊1，非城郊0；村关系网络引导：若为关系网络引导到该地打工，则其值为村到打工地距离的百分之一，若无则为0。为消除变量间的自相关，采用相关分析方法剔除了城郊类型、交通状况、离最近城市的距离3个因子，最后进入模型的为14个因子（见表6-1）。

表 6 – 1　　　　　　　　　打工距离的二元逻辑回归模型参数估计

因素	因子	模型 6.1		模型 6.2		模型 6.3	
		系数	P	系数	P	系数	P
个人因素	常数项	6.1419	0.0000	2.6659	0.0970	0.0875	0.8406
	性别	0.8082**	0.0462	0.6718	0.1560	0.7184	0.2979
	年龄	− 0.0668***	0.0003	− 0.0649***	0.0027	− 0.0623**	0.0452
	上学年限	− 0.3194***	0.0000	− 0.2218***	0.0036	− 0.0785	0.5559
	婚姻状况	− 0.8367**	0.0305	0.1311	0.8016	0.1969	0.7834
家庭因素	总人口			0.2752	0.3196	0.0925	0.8316
	劳动力数			− 0.1370	0.5325	0.2279	0.5501
	家庭类型			1.1734*	0.0532	1.5384*	0.0670
	生命周期			0.3723	0.2275	0.2824	0.5820
	人均耕地			2.2139***	0.0000	0.4085	0.5780
	家庭代数			− 1.8848***	0.0012	− 2.4330**	0.0118
	上学人数			− 0.5964*	0.0602	− 1.0350*	0.0566
社区因素	村人均 GDP					0.0002	0.3724
	村地形					0.6720	0.4706
	关系网络					1.0102	0.0000
模型综合检验显著性水平		0.000		0.000		0.000	
Nagelkerke R^2		0.337		0.516		0.836	
总百分率的符合率		74.3		82.2		90.6	

注：①因变量：本地为 0；外地为 1（以 100 千米为界）。② *** 显著性水平为 0.01，** 显著性水平为 0.05，* 显著性水平为 0.1。③因为是社会地理的研究，所以适当放宽了显著性水平的要求。

6.3.2　模型与讨论

将打工距离分为本地（100 千米内）和外地（100 千米以外）

两类，采用 SPSS13.0 中的二元逻辑回归模块进行分析，将个人因素、家庭因素和社区因素逐步引入可得到 3 个模型，其估计参数如表 6-1 所示。其中，模型 6.1 为单纯考虑个人因素的回归结果，模型 6.2 为综合考虑个人因素和家庭因素的结果，模型 6.3 为综合考虑所有因素的最终模型，限于篇幅，这里主要分析最终模型。

最终模型的拟合度较高，Nagelkerke R^2 为 0.836，模型中总百分率的符合率为 90.6%，模型的显著性水平很高，为 0.000，达到了比较满意的拟合效果。

最终模型中，年龄、家庭类型、家庭代数、上学人数、关系网络等因子达到了显著性水平。年龄的系数为负，表明年龄越大，在本地打工的概率越大，年龄越小，在外地打工的概率越大，其原因是年龄较小者对远方的外面世界充满了好奇，同时外地就业的工资较高。甚至有些年轻人认为，在本地打工没什么意思。年龄较大者，家庭负担较重，家中有许多事情需要由其处理，因而在本地打工的概率较大。家庭类型因子的系数为正，说明到外地打工的概率是：扩展家庭 > 直系家庭 > 核心家庭。而在本地打工的概率则是：核心家庭 > 直系家庭 > 扩展家庭。其原因可能是核心家庭人口规模较小，打工者也多是家庭中的父母等核心成员，为了能照顾家中的孩子和处理家庭日常事务，他们往往选择在本地打工。而直系家庭和扩展家庭人口规模较大，打工者可无后顾之忧地去较远的地方打工赚钱。家庭代数因子的系数为负，说明家庭代数与打工距离呈反方向变化，即家庭代数越多，越在本地打工，家庭代数越少，越在外地打工。其可能的原因是，家庭代数越多，打工者需要照顾的家人越多，因而在本地的打工概率较高。家庭代数越少，如刚结婚的新婚夫妇，基本上没有后顾之忧，因而到外地打工取得较高收益的概率较大。上学人数因子系数为负，表明上学人数与打工距离呈反方向变化，即有上学子女的农户、上学子女较多的农户在本地打工的概率较大，在外地打工的概率较小。其原因可能是有上学子女的打工者一般为其父母，上学子女不仅需要父母提供学习费用和生活费用，而且也需要其提供感情陪护和生活照顾。关系网络因子的系数为正，且系数较大，表明关系网络是影响打工距离的重要因子之一。许多研究都表明，关系网络对打工地的选择具有重要意义。关系网络不仅为打工者提供信息，同时也可能为打工者提供资金帮助、生活照顾和情感支持。可以设想，在现在复杂的社会关系和信任危机中，在没有关系网络的情况下，一个寻找工作的农民在一个陌生的城市会面临多少不便和风险，只有很少的人才冒此风险。根据打工者样本统计，只有11.8%的人是自己开辟找到打工岗位的，另有1.1%的人是通过广播、电视、广告等媒体找到工作岗位，经过政府和中介组织介绍打工的比例也只有7%，绝大多数（80.1%）的打工者均由亲戚、同学、朋友、同族人、同村人介绍去打工并一同前往。因此，关系网络在打工地的选择中具有决定性作用。

总之，影响农户打工距离选择的主要因素是年龄、家庭类型、家庭代数、上学人数和关系网络因子。年龄较大者、家庭类型较简单者、家庭代数较多者、上学人数较多者和关系网络较少者，选择在本地打工的概率较大，反之亦然。

6.4　结论与讨论

打工距离是农户打工区位的重要内容，对打工距离的研究有助于在微观层面上了解农民工流动的空间规律。通过对河南省南阳市三个不同类型样本村的实证研究，可得到以下结论。

第一，打工距离整体分散、局部集中，打工人数随距离的变化呈"U"形分布，打工者在打工目的地的分布上具有群聚特征。在现代交通运输比较发达的情况下，距离因子对迁移者数量的影响具有复杂性，迁移者往往集中于制造业较为发达的某些城市，迁移者数量并非完全随距离的增加而减少，个人迁移的物理交通成本已经成为次要影响因素，距离因子对迁移者数量的影响也没有经济因素的影响重要。

第二，影响农户打工距离选择的主要因素是年龄、家庭类型、家庭代数、上学人数和关系网络因子。年龄较大者、家庭类型较简单者、家庭代数较多者、上学人数较多者和关系网络较少者，选择在本地打工的概率较大，反之亦然。农户对打工地的选择是综合考虑个人、家庭和社区因素的结果，是理性的。其中，削减家务管理成本和规避移动风险具有核心作用，政府应当重视移出区的社会保障事业和社会化服务业的发展，同时应规范劳动力流动市场和降低移动者的风险，以利于农民工的合理流动。

本章研究以中部典型农区为研究样本，揭示出农户打工距离及影响因素的一般规律，所得结论具有一定的普遍性，但能否运用于更大范围和其他地区，还有待于进一步研究。

参 考 文 献

［1］蔡昉. 转轨时期中国劳动力迁移的区域特征［J］. 当代亚太，1998（7）：19 - 23.

［2］董文柱. 我国农村劳动力转移途径的再思考［J］. 中国农村经济，2003（9）：65 - 68.

［3］国家统计局. 中国统计年鉴2006［M］. 北京：中国统计出版社，2006.

［4］黄安余. 大陆与台湾农业劳动力转移比较研究［J］. 江淮学刊，2005（2）：171 - 176.

［5］劳动和社会保障部课题组. 当前农民工流动就业数量，结构与特点［N］. 工人日报，2006 - 02 - 14（6）.

［6］李小建. 经济地理学中的农户研究［J］. 人文地理，2005，20（3）：1 - 5.

［7］李玉江. 农业剩余劳动力转移区域研究［M］. 济南：山东人民出版社，1999：220 - 228.

［8］刘瑞芝. 九十年代河南农村剩余劳动力转移的经济分析［J］. 中州学刊，1998（5）：46 - 49.

［9］刘秀梅，田维明. 我国农村劳动力转移对经济增长的贡献分析［J］. 管理世界，2005（1）：91 - 95.

［10］中国人口·资源与环境编辑部. 可持续发展信息与动态［J］. 中国人口·资源与环境，2006，16（6）：168.

［11］Greenwood M J. Human migration: Theory, models, and

empirical evidence [J]. Journal of Regional Science, 1981, 25: 521 - 544.

[12] Liang Z, White M J. Market transition, government policies, and interprovincial migration in China: 1983 - 1988 [J]. Economic Development and Cultural Change, 1997, 45 (2): 321 - 339.

[13] Massey D S, Arango J, Hugo G, et al. Theories of international migration: A review and appraisal [J]. Population and Development Review, 1993, 19 (3): 431 - 466.

[14] Portes A, Sensenbrenner J. Embeddedness and immigration: Notes on the determinants of economic action [J]. American Journal of Sociology, 1993, 98: 1320 - 1350.

[15] Stark O, Taylor J E. Migration incentives, migration types: The role of relative deprivation [J]. The Economic Journal, 1991, 101: 1163 - 1178.

[16] Yang X S. Determinants of migration intentions in Hubei Province, China: Individual versus family migration [J]. Environment and Planning A, 2000, 32: 769 - 787.

第 7 章

中部农区农户打工地
城镇规模类型

20 世纪 90 年代以后，民工潮日益成为我国社会发展的重大问题，打工队伍越来越庞大，农户打工成为一种重要的社会经济现象，对我国经济社会的发展产生着越来越重要的影响。目前，中国的流动人口已达全国人口的 10% 以上（中国网，2006），中国正经历着人类历史上在和平时期前所未有的、规模最大的人口迁移活动，并成为世界上最大的人口迁移流。

基于对这种重要社会现象的反应，学术界进行了较多研究，但主要集中于经济学和社会学领域，研究内容十分丰富，涉及打工的动因（Yang，2000）、农民工流入对城市化的影响（李强，2003）、农民工非持久性迁移流动（马九杰、孟凡友，2003）、打工对城市和农村的影响（刘秀梅、田维明，2005）、农村剩余劳动力转移模式（董文柱，2003）、劳动力转移的国内外比较（黄安余，2005）、具体区域农民工流动特征与对策（刘瑞芝，1998）等方面。国外学者主要侧重于对劳动力迁移的影响因素研究，在经济因素（Lewis，1954）、个人因素、家庭因素、关系网络（Massey，1993）等方面发表了较多成果，同时对距离因素的作用也有涉及（Poston and Michael，1998）。国内地理学在农民工流动方面研究成果较少，研究领域集中在农民工的区域分布、区域差异、流向（蔡昉，1998；李玉江，1999；敖荣军，2005；刘丽明、郑平，2005）、转移的空间途径（李新伟，2001）等方面。总之，对农户打工地的分布研究成果较少，尤其是对打工地城镇规模类型的研究成果更少。不同规模等级类型打工地的选择既反映了不同规模等级城镇类型对农民工的吸引力大小，也反映了不同规模等级城镇的发展潜质及其在吸收农民工方面的作用强度，因此，对该问题的研究对于认识农民工的流动具有重要意义。

7.1 数据来源与研究区域选择

7.1.1 数据获取

本研究主要通过入户问卷调查获取。在国家自然科学基金重点项目的资助下，通过与当地政府部门的协调，由调查员按照问卷对打工农户进行了调查。调查员在河南大学环境与规划学院硕士研究生中和南阳师范学院环境科学与旅游学院本科生中择优选取，包括作者本人在内，共 12 人。调查员经过严格培训后，在 2006 年 2 月农历春节时（2006 年 1 月 15 日～2006 年 2 月 20 日），对 3 个样本村回家过春节的农民工进行了面对面调查。调查员培训的内容包括问卷调查的目的、意义、访问技巧、注意事项等。本次调查共获取打工区位调查问卷 303 份，其中有效问卷 288 份。

调查问卷回收后，进行甄别，去除无效问卷，对有效问卷进行编号，将纸质问卷答案数据输入 Excel 2000 中，形成农户打工区位数据库，该数据库大小为：288 × 157 = 45 216。

7.1.2 研究区域选择

河南省在我国中部农区具有一定的典型性和代表性。中部地区包括河南省、安徽省、江西省、湖北省、湖南省和山西省 6 省。中部地区农区和农户具有一些独特之处（李小建，2005）。例如，农村人均收入低，且增长缓慢，以传统耕作业为主，受外部影响较小，传统观念尚有根基，劳动力外流现象突出。而河南则具有代表性，例如，2005 年河南农村居民家庭人均纯收入 2 870.58 元，在中部 6 省中，仅高于安徽省，排名倒数第二，同时也低于全国平均 3 254.93 元的水平。河南省乡村户数、乡村人口、乡村从业人员、农林牧渔业从业人员、耕地面积均居中部 6 省之首，其占中部 6 省的比例分别为 27.61%、28.20%、31.11%、32.80%、26.53%，即大约均占 1/3 左右，河南省农林牧渔业增加值为 3 309.70 亿元，占中部 6 省的 31.72%，其中，农业增加值 1 790.37 亿元，占中部 6 省的 33.90%（国家统计局，2006），是我国农业剩余劳动力输出最多的省份之一。河南省属于典型的农区类型。

南阳市在河南省农区中的位置与河南省在中部 6 省中的位置相似，南阳市是河南省的农业大市，在农业和农区中具有较强的代表

性。2005 年，南阳市人口达 1 075 万人，占到河南省总人口的
11%，是河南省 18 市中人口最多的市，但是城镇化水平仅为 30%，
低于全省平均水平。南阳市农民人均纯收入为 2 894 元，排名第 11
位，居中等水平。2005 年南阳市主要农业指标在河南省占据重要位
置，如耕地面积、农林牧渔业增加值、油料产量在 18 市中居于首
位，农业从业人员数量、粮食总产量、棉花产量居第二位，粮食播
种面积虽然排名第四，但与第二相比相差甚少（河南省统计局，
2006）。南阳市也是河南省农民工外出最多的地区之一。

在南阳市内，采用分层抽样方法对样本村进行选择。首先将南
阳市 214 个乡镇按地形（山区、丘陵和平原）进行分层，然后在各
分层中进行随机抽样，以确定调查乡镇，最终选取的调查乡镇是社
旗县下洼乡（山区）、镇平县曲屯镇（丘陵）和西峡县回车镇（平
原）。在三个乡镇中，根据代表性原则、典型性原则和城郊区位条
件，分别选取下洼乡山口村石河组、镇平县曲屯镇花栗树村下侯家
组和西峡县回车镇红石桥村郭营组作为调查样本村。

7.2 农户打工地城镇规模类型的分布

样本打工地主要集中于省城、深圳经济特区、乡镇和地级市，
到县城和首都打工的人较少（见图 7-1）。省城和深圳经济特区打
工者的比例为 41.05%，乡镇为 30.88%，二者合计占到总打工者的
71.93%。其次为地级市，其打工者比例为 23.51%。首都只占
1.05%，县城也仅占 3.51%。由于首都只有一个，因此到首都打工

者很少是自然的事。然而，在县城打工的人数很少应引起我们的思考。可能的原因是由于县城经济比较落后，没有供打工者就业的岗位，因此，尽管距离较近，打工者也希望在县城打工（高更和，2007），然而仍只有不多的人在县城就业。本研究样本中，在乡镇打工的人较多的主要原因是红石桥村乡镇企业比较发达，容纳了较多的打工者。

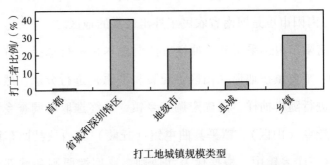

图 7 - 1　打工者在不同城镇规模类型打工地的分布

不同打工地带与打工空间类型内的打工者城镇规模类型分布差异明显。在打工三大地带中的东部地带，打工者主要集中于省会城市，其占东部打工者的比例为 70.59%；在样本村所在的中部地带，打工者则主要集中于乡镇（其比例为 61.54%），其次为地级市（19.58%），而县城和省会城市很少。在打工空间类型中的省外类型中，打工者主要集中分布于省会城市，其次为地级市，几乎没有到县城以下城镇的打工者；在市外省内空间类型中，打工者主要集中于省会城市和地级市；县外市内类型中，则打工者全部集中于地级市；在本县内，打工者主要集中于乡镇，而县城很少（见表 7 - 1）。由此可以看出，远距离打工地中，打工者主要选择在大中城市打工，而在近距离的打工地中，打工者则主要集中于乡镇。这主要是因为，种子打工者和一般的打工者很难对远距离的县城、乡镇等低层次区域获得信息，而对高层次区域的信息获取则容易得多。

表 7 - 1　　　不同打工地带与打工空间类型内的打工者城镇规模类型分布

打工地带				打工空间类型			
三大地带	城镇类型	样本数	比例（%）	空间类型	城镇类型	样本数	比例（%）
东部	省城	3	2.21	省外	首都	3	2.03
	地级市	96	70.59		省城	102	68.92
	县城	37	27.20		地级市	43	29.05
	小计	136	100		小计	148	100
中部	省城	17	11.89	市外省内	省城	15	50.00
	地级市	28	19.58		地级市	12	40.00
	县城	10	6.99		县城	3	10.00
	乡镇	88	61.54		小计	30	100
	小计	143	100	县外市内	地级市	12	100
西部	省城	4	66.67		小计	12	100
	地级市	2	33.33	本县	县城	7	7.37
	小计	6	100		乡镇	88	92.63
					小计	95	100
总计		285		总计		285	

注：①省指河南省，市指南阳市，县指样本县（西峡县、镇平县和社旗县）。②不包括在国外的 3 例打工者。

7.3 农户打工地城镇规模类型回归概率模型

7.3.1 变量设计与说明

影响农民外出打工的因素可概括为个人、家庭、社区三大类变量，其中，个人特征变量包括打工者本人的性别、年龄、上学年限、婚姻状况等因素；家庭因素包括打工者所在家庭的人口规模、劳动力数、家庭类型、家庭生命周期、人均耕地、家庭代数（即家庭由几代人组成）和上学人数等指标；社区变量包括打工者所在村的人均 GDP、地形、城郊类型、关系网络、交通状况、离最近城市的距离等指标。其中，年龄、上学年限（学龄）、家庭总人口、劳动力数、人均耕地、家庭代数、上学人数、村人均 GDP、村交通状况（用村到最近公路的距离表示）、村离最近城市的距离等物理含义明确的指标其取值采取直接统计值。其余变量的取值方法如下。性别：男 1，女 2；婚否：结婚 1，未婚 0；家庭类型：核心家庭 1，直系家庭 2，扩展家庭 3；家庭生命周期：形成 1；扩展 2；稳定 3；收缩 4；空巢 5；解体 6；村地形：平原 1；丘陵 2；山区 3；城郊类型：城郊 1；非城郊 0；村关系网络引导：若为关系网络引导到该地打工，则其值为村到打工地距离的 1/100；若无关系网络引导则为 0。

如果模型中变量之间存在自相关，可能会造成对变量影响作用的估计正确性，有学者提出将 0.8 作为自相关阈值（史天健、Kirstenha，1999）。经过对上述因素的相关性检验，发现村城郊类型、交通状况、离最近城市的距离与村人均 GDP 有高度的相关性，因此，将村城郊类型、交通状况、离最近城市的距离 3 个因子删除。

7.3.2　农户打工地城镇规模类型的比较型回归概率模型

按照城镇人口规模的大小，可将城镇分为 3 类，大城市（一般包括省城和首都，人口在 50 万以上）、中等城市（一般包括地级市，人口为 10 万 ~ 50 万）、小城镇（一般包括县城和小城镇，人口在 10 万以下）。实际操作时，主要以人口指标作为划分依据。由于因变量为多分类变量，因此采用多元逻辑回归（mutiple logistic regression）进行分析。具体操作时，在 SPSS13.0 中调用该模块即可。表 7 - 2 为模型的估计参数。

模型中，家庭代数、村人均 GDP、关系网络因子在 3 种类型的城镇类型对比中均达到了显著性水平，上学人数因子在中等城市和小城市（镇）的对比中也达到了 0.1 的显著性水平。家庭代数因子系数为负，表明打工者的家庭代数与城镇规模类型呈反方向变化，即家庭代数越多，在小城市（镇）打工的概率越大，家庭代数越少，在大城市打工的概率越大。其原因可能与抚养成本和家庭感情纽带有关。家庭代数多，意味着需要抚养的人口多，因而在本地县城和镇打工的概率较大，家庭代数少，则意味着较小的抚养成本，因而在较远的、收入较高的大城市打工的概率较大。村人均 GDP 因子与上述因子相似，也呈反方向变化，大城市与小城市（镇）相比，

表7-2　打工地城镇规模类型的多元逻辑回归模型参数

因素	因子	打工地：大城市				打工地：中等城市			
		系数	显著性水平	标准误	Wald值	系数	显著性水平	标准误	Wald值
	截距	9.5064	0.1676	6.8884	1.9046	4.6510	05080	7.0265	0.4381
个人因素	性别	0.6823	0.5476	6.8884	1.9046	0.4640	0.6916	1.1698	0.1573
	年龄	-0.0703	0.1320	1.1345	0.3617	0.0637	0.1967	0.0493	1.6668
	上学年限	0.0897	0.6060	0.0467	2.2689	0.1309	0.4762	0.1837	0.5076
	婚姻状况	0.3988	0.6716	0.1739	0.2660	0.2734	0.7847	1.0007	0.0747
	家庭人口	0.2029	0.7001	0.9406	0.1797	0.1229	0.8294	0.5704	0.0464
	劳动力数	-0.327	0.5142	0.5266	0.1484	-0.2500	0.6321	0.5221	0.2293
	家庭类型	1.2888	0.2087	0.5014	0.4254	1.4742	0.1881	1.1201	1.7322
家庭因素	家庭生命周期	0.2962	0.6434	1.0253	1.5802	0.4499	0.5119	0.6858	0.4303
	人均耕地	1.5036	0.2073	0.6398	0.2144	1.1405	0.3519	1.2252	0.8665
	家庭代数	-2.5302**	0.0334	1.1923	1.5903	-2.3971*	0.0566	1.2573	3.6349
	上学人数	-1.0801	0.1538	1.1893	4.5261	-1.3422*	0.0892	0.7896	2.889
社区因素	村人均GDP	-0.0008**	0.0231	0.0004	2.0346	-0.0007**	0.0455	0.0004	4.0009
	村地形	-1.839	0.2619	1.6391	5.1588	-0.9689	0.5645	1.6816	0.332
	关系网络	1.6636***	0.0001	1.6391	1.2588	2.8154***	0.0000	0.4626	37.0375

注：①比较打工地：小城市（镇）。②Nagelkerke 的 Pseudo R^2 为 0.787。③*** 显著性水平为 0.01，** 显著性水平为 0.05，* 显著性水平为 0.1。

人均 GDP 较高的村在小城市（镇）打工的概率较大，人均 GDP 较低的村在大城市打工的概率较大。中等城市与小城市（镇）相比也是如此，人均 GDP 较高的村在小城市（镇）打工的概率较大，人均 GDP 较低的村在中等城市打工的概率较大。大城市与中等城市相比，人均 GDP 较高的村在中等城市打工的概率较大，人均 GDP 较低的村在大城市打工的概率较大（但是大中城市相比，其概率差别较小）。其原因可能是，人均 GDP 较高的村，经济比较发达，乡镇企业较多，附近就业岗位较多，因而在小城市（镇）打工的概率较大；人均 GDP 较小村则相反，由于经济落后，附近较少有就业岗位，因此只能到较远的收入较高的大中城市打工。关系网络因子系数为正，且系数较大，显著性水平也较高，表明在大、中、小城市（镇）的选择上，其仍是最重要的因子。此外，上学人数因子在中等城市和小城市（镇）的对比中达到了 0.1 的显著性水平，同时系数为负，说明上学子女较多的家庭在小城市（镇）打工的概率较大，在中等城市较少；上学子女较少的农户在中等城市打工的概率则高于在小城市（镇）的概率，其可能的原因仍然是抚育成本和家庭情感因素的作用。

7.3.3　农户打工地城镇规模类型的概括型回归概率模型

以上我们用和小城市（镇）对比的多元逻辑回归模型分析了显著性因子，为了进一步对这些因子进行概括评价，采用有序逻辑回归（ordinal logistic regression）模型进行分析可以看出，影响打工城镇类型选择的主要因子为家庭代数、村人均 GDP 和关系网络，和多元逻辑回归模型分析的结果基本一致（见表7-3）。

表7-3　　　　打工地城镇规模类型的有序逻辑回归模型参数

因素	因子	估计参数	标准误	Wald 值	自由度	显著性水平	95% CI	
							下界	上界
个人因素	性别	-0.1819	0.3792	0.2302	1	0.6313	-0.9251	0.5612
	年龄	-0.0135	0.0193	0.4858	1	0.4858	-0.0513	0.0244
	上学年限	0.0833	0.0714	1.3628	1	0.2431	-0.0566	0.2232
	婚姻状况	0.3134	0.4336	0.5226	1	0.4697	-0.5363	1.1632
家庭因素	家庭人口	0.1230	0.2535	0.2352	1	0.6277	-0.3739	0.6199
	劳动力数	-0.1441	0.2072	0.4838	1	0.4867	-0.5503	0.2620
	家庭类型	0.8321	0.5228	2.5335	1	0.1115	-0.1925	1.8568
	生命周期	0.4498	0.2888	2.4253	1	0.1194	-0.1163	1.0158
	人均耕地	0.0045	0.3410	0.0002	1	0.9894	-0.6638	0.6729
	几代家庭	-0.9488*	0.5200	3.3289	1	0.0681	-1.9680	0.0704
	上学人数	-0.4557	0.2906	2.4591	1	0.0680	-1.0254	0.1139
社区因素	村人均GDP	-0.0004***	0.0001	14.6977	1	0.0001	-0.0007	-0.0002
	村地形	-0.1245	0.4950	0.0633	1	0.8014	-1.0946	0.8456
	关系网络	0.4373***	0.0688	40.4119	1	0.0000	0.3025	0.5721

注：①最终模型显著性水平：0.000。②Nagelkerke R^2：0.683。③ *** 显著性水平为 0.01， ** 显著性水平为 0.05， * 显著性水平为 0.1。

　　根据因子显著性和系数的符号判断，家庭代数较多的农户和村人均 GDP 较高村的农户在规模较小的城市（镇）打工的概率较高，反之亦然。关系网络仍对打工者具有重要的引导作用。

7.4　结论与政策含义

对农户打工地城镇规模类型的研究是认识农民工流动规律的重要方面。本章基于入户调查数据，采用多元逻辑回归模型和有序逻辑回归模型，对三个典型样本村的农户打工地城镇规模类型进行了研究，发现存在以下规律。

第一，家庭代数、村经济发展水平和关系网络是影响农户打工地城镇规模类型选择的重要因素。家庭代数与城镇规模类型呈反方向变化，其形成与家庭抚养成本和感情纽带有关。村人均 GDP 因子是影响农户打工地城镇规模类型选择的重要反向因素，农民工输出地的经济发展水平及其对农民工吸收作用是其形成的主要原因。关系网络对农户打工地城镇规模类型选择具有重要决定作用。农户外出打工地的决策是在一定的社会背景下综合运用自己已有的社会资源的结果，是理性的。

第二，农户打工地主要集中于省城、深圳经济特区、乡镇和地级市，在县城打工的人较少，农户对打工地城镇规模类型的选择与打工距离密切相关。远距离打工地中，打工者主要选择在大中城市打工，而在近距离的打工地中，打工者则主要集中于乡镇。其形成主要与打工地信息获取有关。此外，中部农区地区中心性城市经济落后导致的对劳动力需求的减少也是重要影响因素。农户对打工地城镇规模类型的选择是综合考虑家庭因素、社区因素的结果，关系网络在打工地选择中往往具有决定性影响，本章研究从这一侧面验证了移民网络理论在非永久性迁移中的适用性。在现代交通运输业较为发达的背景下，地理距离仍然是影响迁移行为的重要因素，对迁入地的感知和信息拥有程度影响着其进入性。近距离打工地中，县城没有成为农户的主要打工地，这说明中部农区县城的经济地位还较弱，而农户又希望在此类地方打工（敖荣军，2005），因此，提高县城的经济实力和发展县域经济是现阶段从根本上解决农业劳动力就业和城市化的重要途径。

本章研究以中部典型农区为研究样本，揭示出农户打工城镇规模类型选择的规律及主要影响因素，所得结论具有一定的普遍性，但能否运用于更大范围和其他地区，还有待于进一步研究。

参 考 文 献

［1］敖荣军. 制造业集中、劳动力流动与中部地区的边缘化［J］. 南开经济研究，2005（1）：61 – 66.

［2］蔡昉. 转轨时期中国劳动力迁移的区域特征［J］. 当代亚太，1998（7）：19 – 23.

［3］董文柱. 我国农村劳动力转移途径的再思考［J］. 中国农村经济，2003（9）：65 – 68.

［4］高更和. 中国中部农区农户经济活动区位研究以河南省南阳市6个村为例［D］. 郑州：河南大学博士论文，2007：94 – 95.

［5］国家统计局. 中国统计年鉴（2006）［M］. 北京：中国统计出版社，2006.

［6］河南省统计局. 河南统计年鉴（2006）［M］. 北京：中国

统计出版社，2006.

[7] 黄安余. 大陆与台湾农业劳动力转移比较研究 [J]. 江淮学刊，2005（2）：171 – 176.

[8] 李强. 中国城市中的二元劳动力市场与底层精英问题 [J]. 清华社会学评论，2000（S）：151 – 167.

[9] 李强. 当前我国城市化和流动人口的几个理论问题 [A]. 李培林. 农民工中国进城农民工的经济社会分析 [C]. 北京：社会科学文献出版社，2003：41 – 53.

[10] 李小建. 经济地理学中的农户研究 [J]. 人文地理，2005，20（3）：1 – 5.

[11] 李新伟. 我国农村剩余劳动力转移的途径及面临的困境 [J]. 人口学刊，2001（6）：24 – 27.

[12] 李玉江. 农业剩余劳动力转移区域研究 [M]. 济南：山东人民出版社，1999：220 – 228.

[13] 刘丽明，郑平. 我国农业剩余劳动力转移区域差异比较 [J]. 经济纵横，2005（4）：9 – 11.

[14] 刘瑞芝. 九十年代河南农村剩余劳动力转移的经济分析 [J]. 中州学刊，1998（5）：46 – 49.

[15] 刘秀梅，田维明. 我国农村劳动力转移对经济增长的贡献分析 [J]. 管理世界，2005（1）：91 – 95.

[16] 马九杰，孟凡友. 农民工迁移非持久性的影响因素分析 [J]. 改革，2003（4）：77 – 85.

[17] 史天健，Kirstenha. 调查研究技术与项目设计 [R]. 北京大学中国国情研究中心（内部资料），1999.

[18] 中国网. 中国流动人口已达全国人口的 10% 以上 [EB/OL]. (2006 – 08 – 17) [2007 – 06 – 06]. http：//cn. chinagate. cn/population/2006 – 08/17/content_2353431. htm.

[19] Lewis W A. Economic development with unlimited supplies of labor [J]. Manchester School of Economic and Social Studies, 1954, 22：139 – 191.

[20] Massey D S. Theories of international migration：review and appraisal [J]. Population and Development Review, 1993, 19 (3)：431 – 466.

[21] Poston D L, Michael X M. Inter provincial migration in China, 1985 – 1990 [J]. Research in Rural Sociology and Development, 1998 (7)：227 – 250.

[22] Yang X S. Determinants of migration intentions in Hubei Province, China：individual versus family migration [J]. Environment and Planning A, 2000, 32：769 – 787.

第 8 章

农民工务工地非稳定性研究

劳动力市场中的就业稳定性与非稳定性问题一直是西方成熟市场经济国家理论界和政策制定者关注的重要问题（孟凡强、吴江，2013），因为就业稳定性直接影响到劳动者的收入水平、企业的竞争力和区域经济发展及社会的稳定。我国自改革开放以来，农村劳动力转移就业发展迅速，2013 年全国外出农民工达 1.66 亿人（国家统计局，2014），外出务工成为农民增收的重要手段。同年，全国农民工资性收入首次超过家庭经营纯收入，成为农民家庭收入的最大来源（中国社会科学院农村发展研究所等，2014）。但务工工资性收入与就业稳定性有关，特别是对低收入人群（罗楚亮，2008），而农民工大多属低收入群体，因此农民工就业非稳定性引起了学者们的关注，并成为研究热点。

国外相关的研究，主要集中于就业非稳定性变化趋势、成因、效应等方面。整体上发达国家的就业非稳定性呈现出上升的趋势（Bergmann and Mertens，2011），但也有反对的声音（Rokkanen and Uusitalo，2013）。同时，不同国家由于经济发展水平不同，文化背景各异，其就业非稳定性变化趋势存在差异。就业非稳定性变化是社会经济环境变化的结果，受到技术水平（Panos et al.，2014）、劳动力市场政策（Giannelli et al.，2012）、全球化（Alessia et al.，2013）等因素的影响，在很大程度上是由经济的总体情况以及企业发展动态和他们创造就业机会的潜力决定的（Dütsch and Struck，2014）。性别、年龄、工作安全感等个人因素影响劳动力的就业非稳定性（Looze，2014；Brochu，2013）。就业非稳定性的上升，使劳动者收入下降（Gius，2014），社会保障弱化（Nordström et al.，2014）。劳动者自身通过增加流动来增加收入（Lehmer and Lud-steck，2011），在流动过程中非正式网络起了较大作用（Fountain and Stovel，2014）。

国内对农民工的研究主要集中于就业非稳定性的变动趋势与特征、影响因素、工资效应等方面。普遍认为，农民工就业具有高流动性和低稳定性（孟凡强、吴江，2013；Knight and Yueh，2004；白南生、李靖，2008），低稳定性与性别、年龄、教育水平、务工时间、求职方式等个人特征和职业、行业、工资收入、就业单位所有制形式等外界经济因素有关（陈昭玖等，2011），且影响因素呈现出多元化的趋势（白南生、李靖，2008；张建武等，2012）。农民工就业流动是理性选择的结果（张建武等，2012；杨慧敏等，2014），非正式网络在流动中作用显著（高更和、李小建，2008；张文新、朱良，2004），流动是"用脚投票"实现利益诉求的主要途径（孟凡强、吴江，2013），流动润滑了工资机制（白南生、李靖，2008），提高了收入。

就业流动性可分为"换单位流动"和"换地区流动"两个维度（梁雄军等，2007），就业非稳定性也可以从就业单位非稳定性和就业地区非稳定性两方面进行研究，但以上研究绝大多数属于前者，对后者研究很少。而实际上，务工地非稳定性也是农民工空间流动的重要表现形式。就业地区非稳定性从空间角度认识就业非稳定性，克服了就业单位非稳定性研究中忽视空间作用分析的缺陷。本章以调研取得的 1 091 份问卷数据为基础，对农民工就业地区非稳定性即务工地非稳定性进行研究，以了解务工地动态空间演变规律，为相关研究和政策制定提供参考。

8.1　数据来源与研究方法

8.1.1　研究区选择

之所以选择河南省作为研究案例，是因为其农民工流动数量和流动方向具有较强的代表性和典型性。首先，河南省农民工数量众多。据统计，到 2009 年底，河南省农村劳动力转移就业总量超过 2 200 万人（张彩霞，2010），占全国的 9.57%，是中国劳务输出第一大省。2010 年跨省流动农民工总量为 1 207 万人（曲昌荣，2011），长期居全国之首。河南省农民工数量众多与河南省人口大省、农业人口大省有关。其次，河南省地处中原腹地，居中的位置使农民工流动方向多样。河南省农民工既有流入东南沿海、东部沿海和北部沿海地区的流向，也有流入西部地区、西南地区的流向，还有流入到周围省份的流向。

8.1.2 数据来源

研究数据来源于作者组织的农民工抽样调查。根据河南省农民工数量的地区分布，考虑到地形、城郊区位、经济发展水平等因素，依据调查操作的可行性原则，在河南省 18 个地级市中，选择 33 个样本村进行了调查。调查方式为入户问卷调查和村干部访谈，调查时间为 2013 年 2 月农历春节期间。为确保调查单元的完整性和典型性，被调查对象选择在行政村下属的 1 个或 2 个村民小组中。此次调查共获得调查问卷 1 173 份，村干部访谈记录 33 份。调查问卷经过认真的录音核实和数据核对，通过剔除无效问卷，获得有效问卷 1 091 份，问卷经过数据编码和录入，形成了 1 091 × 63 = 68 733 数据库（1 091 户，每户 63 个属性），该数据库成为本章研究的基础。

8.1.3 研究样本概况

样本务工者共 1091 位，在教育程度上，以初中为主，占 57.93%，其次为高中及以上学历，占 28.23%，小学学历占比重较小，文盲很少。从年龄上看，务工者主要集中在劳动能力较强的 21~50 岁之间，占务工者比例为 84.2%，尤其是 21~30 岁之间，务工者年轻化趋势明显，80 后新生代农民工占 57.10%。性别构成中，男性较多，占 68.82%，女性较少，占 31.18%。外出务工年限较长，平均为 9.44 年，务工年限在 5 年以上者占 54.63%，2~5 年为 30.80%，2 年以下者占 14.57%。务工地空间分布较为分散，涵盖全国 27 个省区市，但主要分布在河南、广东、江苏、浙江、北京、上海、山西、河北、新疆等地区，其中以前 4 者为主，其务工人数占务工者总数的 70.78%。

8.1.4　研究方法

8.1.4.1　务工地变动频率

农民工务工地非稳定性可以通过务工地变动频率来衡量。务工地变动频率是指单位时间内（年）务工地的变动次数。这里，务工地定义为农村县级行政单位（含县级）、城市区级行政单位以上（不含区），即如果务工地发生了上述行政单位之间及以上的变动，则认为是发生了务工地的变动。如果仅是在县级行政单元内部（农村）和城市内部各区的流动，尽管也可能变动了具体的工作地点，但不属于务工地变动次数的统计范畴。考虑到农民工对务工地变动的准确判断，我们在问卷中主要设计了"5 年内务工地点数量，并列举出这些地点"问题，因为 5 年以前的事情，农民工可能出现记忆淡化。此外问卷中还设计了与该题密切相关的"务工年限"和"5 年内务工企业数量"问题。与此类似，我们还设计了"务工企业变动频率"指标，它是指单位时间内（年）务工企业变动的次数。

8.1.4.2　务工地企业区域黏性指数

从务工地和务工企业数量之间的关系角度，也可以分析农民工的区域非稳定性和空间流动性。一般地，务工地的变动必然导致务工企业的变动（少数企业例外），但务工企业的变动也可在同一务工地进行，因此可以用务工企业区域黏性指数来刻画特定地区对务工者的引力大小。这里，我们将其定义为平均每个务工地的务工企业数量（本章研究范围界定为最近 5 年内）。如果务工者通过不断的区域变化去实现自己收入的合理化，说明特定区域对务工者的引力较小；相反，如果务工企业变动是在同一地区进行，则说明该区域对务工者有较大的影响力和吸引力。

8.1.4.3　二元逻辑回归模型

二元逻辑回归模型是一种典型的对数线性模型，通过回归拟合解释变量与事件发生概率之间的非线性关系，被广泛应用于分析不同解释变量取值组合呈现状态的概率，以及在一定条件下事件发生与否的概率（杨小平，2009）。

记 $X = (X_1, X_2, \cdots, X_{P-1})^T$ 表示影响事件 A 发生概率的因素，$P(x)$ 表示事件 A 发生的概率。设 F 为线性函数 $F(X_1, X_2, \cdots, X_{P-1}) = \beta_0 + \beta_1 X_1 + \cdots + \beta_{P-1} X_{P-1}$，则

$$P(x) = \frac{\exp\left(\beta_0 + \sum_{k=1}^{p-1} \beta_k X_k\right)}{1 + \exp\left(\beta_0 + \sum_{k=1}^{p-1} \beta_k X_k\right)} \qquad (8-1)$$

式（8-1）称为二元逻辑回归模型，由此可直接计算事件 A 发生的概率，模型中的系数采用极大似然参数估计迭代计算。

8.2　务工地非稳定性特征分析

8.2.1　务工地变动频率

农民工务工地非稳定性较强，且行业之间存在较大差异。据对

数据的汇总和分析，农民工务工地平均变动频率为 0.70 次/年，这意味着平均每隔 17.14 个月，农民工将变动一次务工地，而根据孟凡强等对中国综合社会调查数据的分析，2000～2008 年我国工人的平均任职年限为 62.4 个月（孟凡强、吴江，2013），可见农民工的职业流动十分频繁。从变动频率的分布情况看，变动频率为 0.2 的务工者只有 243 人，占总务工者的 22.29%（见图 8－1），即只有不到 1/4 的务工者 5 年来只在一个地方务工。绝大多数的务工者都处于不断的务工地变动之中。约 60%（59.33%）的务工者务工地变动频率在 0.6 以内，约 90%（90.12%）的务工者的务工地变动频率在 1.2 以下。另外，有极少数的农民工务工地变动十分频繁，大多为建筑工人或从事装修装潢、物流业等行业的农民工。实际上，不同行业之间的务工地变动频率存在较大差异，最显著的差异表现在建筑业和非建筑业之间，建筑业普工由于入门门槛低、用工量大及建筑周期较短等原因，其务工地变动频率高于其他行业。据调查，建筑业务工地变动频率为 0.95，而非建筑业仅为 0.65。

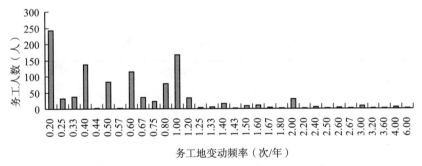

图 8－1　务工人数与务工地变动频率的关系

8.2.2　务工企业变动频率

与务工地低稳定性相联系，务工企业也表现出较高的非稳定性。除了连锁经营企业和部分建筑企业外，务工地点的变动意味着务工企业的变动。根据农民工务工企业变动频率情况，我们可以把务工企业变动分为四种类型：第一种为稳定型，年均务工企业数量为0.2及以下，即5年内没有变换企业；第二种为基本稳定型，年均务工企业数量为（0.2，0.5）；第三种为不稳定型，年均务工企业数量为［0.5，2.0］；第四种为极不稳定型，其值为2.0以上。从表8-1可知，无论是在非建筑业还是在建筑业，稳定型的比例均较小，占15%左右。基本稳定型中非建筑业所占比例远高于建筑业，不稳定型中建筑业比非建筑业略高，而极不稳定型中，建筑业远高于非建筑业。总体来看，稳定型和基本稳定型所占比例不大，非稳定型（不稳定型和极不稳定型）占较大比重，其中建筑业比非建筑业尤甚。

表8-1　　　　　　　　各务工企业变动类型的人数及比例

类型	全体		非建筑业		建筑业	
	人数（人）	比例（%）	人数（人）	比例（%）	人数（人）	比例（%）
稳定型	172	15.77	147	15.96	25	14.71
基本稳定型	194	17.78	175	19.00	19	11.18
不稳定型	681	62.42	571	62.00	110	64.71
极不稳定型	44	4.03	28	3.04	16	9.41

8.2.3　务工地企业区域黏性指数

务工地企业区域黏性指数较小，表明农民工区域流动性较大，非稳定性较强。根据对调研数据的分析，全体样本平均务工地企业区域黏性指数为 1.42，如果剔除掉建筑业较高的黏性指数，那么非建筑业务工者（样本数量占 89.61%）企业区域黏性指数为 1.30，即平均而言，非建筑业务工者在一个务工地只能工作约 1.30 个企业，区域流动（而非同一区域内的企业流动）是农民工流动的基本特征。建筑业由于农民工流动性较强，因而企业区域黏性指数相对较大，为 2.21，但如果考虑到务工地变动频率，从事建筑业的农民工的区域非稳定性仍然是很大的。

8.3　影响因素分析

8.3.1　变量选择

被解释变量务工地非稳定性主要考虑务工地变动频率指标，定义非稳定性为 1，稳定性为 0，当 5 年内务工地仅 1 处时，即务工地变动频率为 0.2 及以下时为稳定，否则为非稳定。

在空间上，农民工的务工行为是从其所居住的村庄流动到务工地从事非农活动，如果在务工地的工资收入、工作状态和生活状态处于满意或比较满意的程度，农民工就会一直在该地务工，否则就会考虑变动务工地或回流到原来的村庄。因此，务工行为的空间终端因素，即村庄因素和务工地因素将影响务工行为过程的形成、持续和终结。

农民工所在的村庄社区，是农民工务工决策的基础参考系统，当外出务工的收益适度高于在村庄及其周围地区可能获得的收益后，务工行为才能够形成并得以延续，因此，村庄经济发展水平、地形、区位等与经济有关的直接或间接因素将影响务工过程的稳定性，村庄务工人员比重作为衡量村庄劳务经济发展水平的指标，在很大程度上标志着务工行为的普遍性和持续性，也影响着个人的务工决策。

务工地因素则直接影响着务工者的收入、工作环境、生活环境及社会地位，决定着对务工行为满意度的判断。不同的行业类型对劳动者的人力资本有不同的要求，也产生着不同的工资性收益，不同行业内的农民工所获得社会地位也不相同。务工地城镇级别影响着工作机会、工资性收入及生活成本，对务工行为决策也有重要影响。工作车间的环境污染程度直接影响务工者的身体健康和心理感受，工资收入水平则更是直接影响着对务工目标的总体判断。

性别、年龄、婚姻状况和教育程度等个体因素直接影响着对务工行为满意度的判断。不同人的不同生理、文化、社会特征和人力资本特征，使其获取信息途径，对待风险的态度，对自己行为目标值也具有不同的预期，因此，其所具有的不同心理特征和行为特征，将影响对务工地满意度的判断，进而影响其空间稳定性。

作为农户家庭中的成员，农民工的行为还受到家庭的影响。家庭经济学认为，家庭成员在家庭经济生活中具有分工效应，其所追求的是家庭收益的最大化而非个人受益的最大化，家庭所拥有的耕地数量通过对家庭总收入及农户生计的影响而对务工决策也将产生一定的作用。从社会学角度考虑，务工者作为主要的劳动力，具有照顾其他成员的义务和责任，务家因素（如照顾子女、赡养老人等）对务工稳定性决策具有重要影响。

综上，这些影响务工地非稳定性流动行为决策的因素概括起来，主要包括个体因素、家庭因素、村庄因素、务工地因素等，各因素所包含的变量及含义见表8－2。

表8－2　　　　　　　　　　　　解释变量的赋值和含义

指标	变量	赋值	含义
个体因素	性别	1 女性；0 男性	务工者的性别
	年龄	实际年龄（岁）	调查时务工者年龄
	婚姻状况	1 未婚；0 已婚	调查时务工者婚姻状况
	受教育年限	实际值（年）	务工者实际受教育年限
家庭因素	学生数量占比	学生总数占家庭总人口比重（%）	务工者家庭中，学生数（包括中小学生数和大中专学生数）占家庭总人口的比重
	幼儿数量占比	幼儿数占家庭总人口的比重（%）	务工者家庭中，7 岁以下幼儿数量占家庭总人口的比重
	劳动力数量占比	劳动力数量占家庭总人口比重（%）	务工者家庭中，男性 16 ~ 60 岁、女性 16 ~ 55 岁的人口数占家庭总人口的比重
	老人数量占比	老人数量占家庭总人口的比重（%）	务工者家庭中，男性 60 岁以上、女性 55 岁以上的人口数占家庭总人口的比重

指标	变量	赋值	含义
村庄因素	耕地面积	家庭耕地总面积的自然对数	务工者家庭拥有实际耕地总面积的自然对数
	村庄经济发展水平	村民年人均纯收入自然对数	所在村庄年人均纯收入的自然对数
	务工人员比重	实际值（%）	务工人员在村庄总人口中所占的比重
	村庄地形	1 平原；2 丘陵；3 山区	务工者所在村地形类型（崎岖度分类）
	村庄区位	距离的自然对数	所在村庄到最近县城或城市距离的自然对数
务工地因素	务工行业类型	1 差；2 较差；3 一般；4 较好；5 好	务工者所从事行业的分类赋值[a]
	务工环境	1 没有；2 较轻；3 中度；4 较重；5 严重	务工者所在企业工作环境的污染程度（自诉）
	工资收入水平	1 低；2 较低；3 中等；4 较高；5 高	务工者平均每月全部收入数量等间距分类，每类收入所占比例为20%
	务工地城镇级别	1 城区；2 县城；3 农村中的镇；4 农村中的乡村	务工者所在企业或工厂的区域位置

注：[a] 为便于模型分析，将务工者所从事行业按照社会地位、劳动强度、收入等进行分类并赋值。其中，1 主要包括清洁工、钟点工等；2 主要包括建筑工人、工厂普工等；3 主要包括售货员、工厂技工等；4 主要包括厨师、司机等；5 主要包括个体经商者等。

8.3.2 模型与运算结果分析

将影响务工地非稳定性的上述 17 个变量引入到 SPSS 18.0 二元逻辑回归模型中，可得到各个解释变量的估计参数（见表 8-3）。模型通过相关检验且达到显著性水平。模型中，性别、年龄、老人数量占比、耕地面积、村庄经济发展水平、村庄区位、务工行业类型、工资收入水平等 8 个变量达到显著性水平。

表 8 – 3　　　　　　　　　模型运算结果

指标	变量	回归系数	标准误差	Wald 检验	Sig.	期望值
个体因素	截距项	– 0.924	1.198	0.595	0.441	0.397
	性别	– 0.751	0.144	27.338	0.000	0.472
	年龄	– 0.021	0.008	6.362	0.012	0.980
	婚姻状况	– 0.206	0.207	0.989	0.320	0.814
	受教育年限	– 0.030	0.029	1.088	0.297	0.970
家庭因素	学生数量占比	– 0.252	0.298	0.713	0.398	0.777
	幼儿数量占比	0.495	0.546	0.822	0.365	1.641
	劳动力数量占比	0.130	0.353	0.135	0.714	1.138
	老人数量占比	0.876	0.478	3.358	0.067	2.402
村庄因素	耕地面积	0.219	0.099	4.860	0.027	1.245
	村庄经济发展水平	0.418	0.119	12.255	0.000	1.519
	务工人员比重	0.084	0.329	0.065	0.798	1.088
	村庄地形	– 0.102	0.127	0.635	0.426	0.903
	村庄区位	– 0.137	0.064	4.515	0.034	0.872
务工地因素	务工行业类型	– 0.477	0.136	12.276	0.000	0.621
	务工环境	– 0.064	0.070	0.840	0.359	0.938
	工资收入水平	0.324	0.119	7.378	0.007	1.382
	务工地城镇级别	– 0.008	0.080	0.010	0.921	0.992

注：模型系数的综合检验 $x^2 = 77.443$，Sig. $= 0.000$。

个体因素中，农民工的性别、年龄达到显著性水平，说明性别和年龄对农民工务工地非稳定性影响显著。其中，务工者性别的回归系数为负，说明女性的务工地更趋于稳定，男性务工地非稳定性高于女性。可能的原因是多数女性对工作状态的期望值较低，对现状的满意认知度较高，而男性则相反。务工者年龄的回归系数亦为负，说明年龄越大的务工者，其务工地越趋向于稳定。相对于年轻人而言，年长者的家庭责任心较重，冒险意识稍弱，稳定就业可以带来稳定收入，同时，年龄较大的务工者，多数长期在外务工，积累了较多的经验并对务工地进行了筛选，因此往往固定于同一地点，就业相对稳定。与此相反，年龄较小的务工者，对外面的环境充满好奇，对工资收入和工作环境有较高的期望，且常常进行横向比较，因此更倾向于通过频繁更换务工地来满足自身诉求，从而使其务工地非稳定性较大。

家庭因素中，老人数量占比、耕地面积2个变量达到显著性水平，且回归系数均为正，说明老人数量占比、耕地面积越大的务工者，其务工地非稳定性增加，而稳定性降低。老人数量较多的家庭，务工者往往需要分散精力去照顾老人和处理家庭事务，常常选择短时务工或邻近务工，如钟点工等，从而非稳定就业的可能性较大，务工地变动趋于频繁。耕地面积较多的家庭，务工者为兼顾农业发展，多是季节性外出务工，即农忙时节在家务农，农闲时节外出务工以贴补家用，从而使得他们的务工地点往往并不固定，而是选择门槛较低、人员流动性较大、务工时限灵活的务工机会。实际上，家务管理是务工者的重要社会职能之一，务工者不可能脱离家庭而单纯为了务工而增加收入，赡养老人、农作物耕作等务家行为对务工地稳定性产生重要影响。另据调查统计，在导致农民工最近一次务工地流动的主诉原因中，家务管理方面的原因占比为17.84%，说明家务管理在农民工务工行为决策中占有重要地位。

村庄因素中，村庄经济发展水平、村庄区位 2 个变量达到显著性水平，说明村庄经济发展水平和村庄区位对农民工务工地非稳定性影响显著。其中，村庄经济发展水平的回归系数为正，表明务工者所在村庄的经济发展水平越高，务工者的务工地非稳定性越大。其原因可能是，经济发展状况较好的地区，乡镇企业相对较多，就业岗位充裕，农民工就业机会较多。然而，无论是人力资本理论，抑或是有限理性选择理论，都暗含着一个假定：迁移者是追求效用最大化的行为人。因此，为追求收入最大化，这些务工者更可能成为非稳定就业者，务工地变动趋于频繁。而村庄经济发展水平较低的地区，农民工外出务工的收入所得很可能是家庭收入的主要来源，且相对而言务工地选择余地较小，他们更倾向于稳定就业和取得稳定的收入，因而务工地较为稳定。村庄区位与务工者的就业非稳定性显著负向相关，这表明务工者所在村庄到最近县城或城市的距离越远，务工者非稳定性就业的可能性越小，这是由于距离较远的地区，其交通运输网络相对落后，该地区的社会经济发展也会相对落后，务工者为增加家庭收入，对稳定性就业的期望相对较高。

务工地因素中，务工行业类型和工资收入水平达到了显著性水平。其中，务工者所从事行业的技术成分越高、社会地位越高、工资收入越高，务工地就愈加稳定，例如工厂技工、个体经商者等，否则，务工地将趋于不稳定。据调查，导致农民工变换务工地的主诉原因中，与务工行业类型相关的占比为 17.45%。在工资收入方面，务工者工资收入水平越高，其非稳定性就业的可能性越高，务工地稳定性降低。可能的原因是，务工者较高的工资水平是通过不断的务工地变换而取得的，即当务工者认识到工资收入较低时，他可能做出务工地变换的决策，从而在新的务工地就业而取得较高的工资收入，否则就只能取得较低的工资收入。也就是说，务工地低稳定性与高工资收入相对应，而务工地高稳定性与较低的收入相联系。实际上，农民工外出的主要目的是增加收入，对收入的不满意是其离开原务工地的主要原因，在调查中，对收入不满意占主诉原因的比例高达32.81%。另外，工资收入较高的地区，由于消费水平较高，生活压力较大，农民工取得的实际收入（收入减去开支）并不高，也可能造成务工地的变动和非稳定性增加。

综上，务工者为男性，年龄较小，老人数量占比较大、耕地面积较大的农民工务工地的非稳定性较高，经济发展水平较高村庄的农民工务工地非稳定性概率较大，务工者所从事行业类型、工资收入水平等也与务工地非稳定性密切相关。实际上，农民工务工地是否流动和是否稳定，是农民工对自身务工行为决策的综合判断，是理性的，受到个人、家庭、村庄、务工地等多种因素的影响。务工地行为决策中，农民工不仅考虑经济因素，而且还考虑非经济因素；不仅考虑自身因素，更要考虑家庭因素；不仅考虑现状，而且考虑今后职业发展。当然，由于农民工个体对环境认知的有限性和信息的不对称，这种理性是一种有限理性。

8.4 结论与讨论

农民工务工地非稳定性直接影响农民工收入高低和农民工地方归属感，对认识农民工空间流动规律和研究农民工市民化理论具有重要意义。基于河南省 33 个村 1 091 份调查问卷数据，本章对农民工务工地非稳定性特征及影响因素进行了研究，可得到以下结论。

第一，农民工务工地非稳定性较大，且行业之间存在较大差异，尤其是在建筑业和非建筑业之间。务工企业也表现出较高的非稳定性，在务工企业变动的 4 种类型中，稳定和基本稳定所占比例较小。务工地企业区域黏性指数较小，区域流动成为农民工流动的基本特征，务工者通过不断的区域变换去实现自己收入的合理化和最大化。

第二，影响农民工务工地非稳定性的显著性因子主要是务工者性别、年龄、老人数量占比、耕地面积、村庄经济发展水平、村庄区位、务工行业类型、工资收入水平等。务工者为男性、年龄较小、老人数量占比较大、耕地面积较多、村庄经济发展水平较高、务工行业类型相对较差、工资收入水平相对较高的农民工，其务工地非稳定性的概率较大，反之亦然。农民工务工地是否稳定和是否流动，是农民工对自身务工行为决策的综合判断，是理性的，受到个人、家庭、村庄、务工地等多种经济和非经济因素、主观和客观因素的影响。

对于务工地非稳定性的研究目前成果并不丰富，本章基于河南省样本村调查数据，使用描述性统计和二元逻辑回归方法，对该问题进行了研究，但由于调查数据来自于农民工的自述，更长时间的务工经历，农民工难以有清晰的记忆和回答，因此，本章主要研究了最近 5 年的务工地变动及影响因素，而对较长时期（如最近 10 年或者自务工以来）没有进行研究，需要后续研究加以弥补。另外，本章是以河南省为例进行的研究，结论的普遍性还有待于其他地区同类研究的进一步验证。

参 考 文 献

[1] 白南生, 李靖. 农民工就业流动性研究 [J]. 管理世界, 2008 (7): 70 - 76.

[2] 陈昭玖, 艾勇波, 邓莹, 等. 新生代农民工就业稳定性及其影响因素的实证分析 [J]. 江西农业大学学报 (社会科学版), 2011, 10 (1): 6 - 12.

[3] 高更和, 李小建. 中部农区农户打工距离研究——以河南三个样本村为例 [J]. 人文地理, 2008, 23 (6): 66 - 70.

[4] 国家统计局. 2013 年全国农民工监测调查报告 [EB/OL]. (2014 - 05 - 12) [2014 - 08 - 09]. http: //www. stats. gov. cn/tjsj/zxfb/201405/t20140512_551585. html.

[5] 梁雄军, 林云, 邵丹萍. 农村劳动力二次流动的特点、问题与对策——对浙、闽、津三地外来务工者的调查 [J]. 中国社会科学, 2007 (3): 13 - 28.

[6] 罗楚亮. 就业稳定性与工资收入差距研究 [J]. 中国人口科学, 2008 (4): 11 - 21.

[7] 孟凡强, 吴江. 我国就业稳定性的变迁及其影响因素——基于中国综合社会调查数据的分析 [J]. 人口与经济, 2013 (5): 79 - 88.

[8] 曲昌荣. 河南农民工"家门口"就业数量首超省外 [EB/OL]. (2011 - 12 - 02) [2014 - 05 - 06]. http: //www. cicn. com. cn/content/2011 - 12/02/content_107045. htm.

[9] 杨慧敏, 高更和, 李二玲. 河南省农民工务工地选择及影响因素分析 [J]. 地理科学进展, 2014, 33 (12): 1634 – 1641.

[10] 杨小平. 二分 Logistic 模型在分类预测中的应用分析 [J]. 四川师范大学学报 (自然科学版), 2009, 32 (3): 393 – 395.

[11] 张彩霞. 河南外出农民工年轻化趋势明显 [EB/OL]. (2010 – 03 – 13) [2014 – 09 – 16]. http: //news. xinhuanet. com/fortune/2010 – 03/13/content_13164760. htm.

[12] 张建武, 李楠, 赵勋. 农民工就业流动性影响因素研究——基于深圳的调查 [J]. 农业技术经济, 2012 (11): 69 – 77.

[13] 张文新, 朱良. 近十年来中国人口迁移研究及其评价 [J]. 人文地理, 2004, 19 (2): 88 – 92.

[14] 中国社会科学院农村发展研究所, 国家统计局农村社会经济调查司. 农村绿皮书: 中国农村经济形势分析与预测 (2013 ~ 2014) [M]. 北京: 社会科学文献出版社, 2014: 6 – 10.

[15] Alessia L T, Daniela M, Matteo P. Offshoring and job stability: Evidence from Italian manufacturing [J]. Structural Change and Economic Dynamic, 2013, 26 (C): 27 – 46.

[16] Bergmann A, Mertens A. Job stability trends, lay-offs, and transitions to unemployment in West Germany [J]. Labour, 2011, 25 (4): 421 – 446.

[17] Brochu P. The source of the new Canadian job stability patterns [J]. The Canadian Journal of Economics, 2013, 46 (2): 412 – 440.

[18] Dütsch M, Struck O. Employment trajectories in Germany: Do firm characteristics and regional disparities matter? [J]. Journal for

Labour Market Research, 2014, 47 (1-2): 107-127.

[19] Fountain C, Stovel K. Turbulent careers: Social networks, employer hiring preferences, and job instability [J]. Analytical Sociology, 2014: 339-370.

[20] Giannelli G C, Jaenichen U, Villosio C. Have labor market reforms at the turn of the millennium changed the job and employment durations of new entrants? [J]. Journal of Labor Research, 2012: 33 (2): 143-172.

[21] Gius M. The impact of job mobility on earnings: Using occupational and industrial classifications to identify job changes [J]. International Review of Applied Economics, 2014, 28 (2): 181-190.

[22] Knight J, Yueh L. Job mobility of residents and migrants in urban China [J]. Journal of Comparative Economics, 2004, 32 (4): 637-660.

[23] Lehmer F, Ludsteck J. The returns to job mobility and inter-regional migration: Evidence from Germany [J]. Papers in Regional Science, 2011, 90 (3): 549-571.

[24] Looze J. Young women's job mobility: The influence of motherhood status and education [J]. Journal of Marriage and Family, 2014, 76 (4): 693-709.

[25] Nordström K, Ekberg K, Hemmingsson T, et al. Sick leave and the impact of job-to-job mobility on the likelihood of remaining on the labour market-a longitudinal Swedish register study [J]. BMC Public Health, 2014, 14 (1): 305.

［26］Panos G A，Pouliakas K，Zangelidis A. Multiple job holding，skill diversification，and mobility［J］. Industrial Relations：A Journal of Economy and Society，2014，53（2）：223 – 272.

［27］Rokkanen M，Uusitalo R. Changes in job stability：Evidence from lifetime job histories［J］. Finnish Economic Papers，2013，26（2）：36 – 55.

第 9 章

农民工初终务工地
空间变动研究

　　改革开放以来的大规模劳动力迁移流动现象，对我国的经济社会结构产生了极大的影响（王超恩、符平，2013）。据调查统计，2013 年全国农民工达 2.69 亿人，其中外出农民工达 1.66 亿人（国家统计局，2014），形成了规模巨大的农民工流动。在流动过程中，农民工不断更换目的地，形成务工地的空间变动。临时性和不稳定性是农民工工作的显著特征（王超恩、符平，2013），流动次数对新生代农民工的个人发展具有重要意义（符平、唐有财，2009），劳动力在城乡间往复式循环流动，是中国特有的户籍制度以及其他配额制度的产物（余驰、石智雷，2011），农民工主要流入城市的次级劳动力市场，"弱市场"关系下的"强关系"网络是其职业流动的主要决策方式（王昆仑，2012），职业流动频率随年龄变化呈现出倒"U"形流动轨迹的特征，人力资本对职业流动具有重要影响（王超恩、符平，2013），城乡身份分割是农民工频繁变换工作的关键因素（张春泥，2011），性别、文化程度、进城工作年限及流动经历是决定农民工实现流动的主要因素（符平等，2012）。流动的农民工群体主要集中在适当的年龄段和一定的上学年限区间（Willmore et al.，2012）。在流动距离上，农民工主要流入本地或距离较远的沿海发达地区城市的劳动力市场（高更和等，2012），空间距离对省际人口迁移发生概率起着"障碍"作用（段成荣，2001；Poston and Zhang，2008），风险厌恶者，往往选择短距离流动。教育程度、性别、年龄对流动距离有重要影响（李强，2003；杨肖丽、景再方，2010），流动距离也与农民工职业类型有关（杨肖丽、景再方，2010）。在国外，近些年来循环流动越来越成为学界的关注焦点和热门话题（Constant and Zimmermann，2011；Mansoor et al.，2012），被广泛认为是对输出国、东道国和移民本身都具有可能的利益（"三赢"）（Wickramasekara，2014），性别、教育程度、年龄、子女数量等个人特征影响流动群体的数量（Constant and Zimmermann，2011；Hu et al.，2011），土地数量和土地所有权等影响循环流动决策（Hu et al.，2011；Vanwey，2003），母国的家庭和社会联系、东道国的工作机会和语言适应影响流动者的去留（Constant and Zimmermann，2012），流动性与人口密度正相关、与距离负相关（Aldashev and Dietz，2014），重力模型对循环流动具有高解释力（Lewer and Van den Berg，2008），母国和东道国间工资差异变大，最佳迁移时长下降（Dustmann，2003），较高的目的地工资预期收入及在原地的相对剥夺导致了循环流动（Jagger et al.，2012）。上述研究给本研究以重要启迪，但多以静态分析为主，很少涉及农民工务工地空间变动的动态演变，而此类研究有助于理解农民工空间流动的动态规律性。本章基于河南省33个村田野调查获取的1 091份问卷数据，对农民工初终务工地（初次务工地和调查时最终务工地的简称）空间变动进行研究，为相关研究和政策制定提供参考。

9.1 数据来源与样本概况

9.1.1 案例区选择

河南省农民工流动在全国具有较强的代表性和典型性。首先，农民工数量众多，长期居全国之首。2013年河南省农民工总数量约为 2 600 万人（河南省人民政府，2014），占全国农民工总量的 9.67%，居全国第一，其中，跨省流动约 1 100 万人，占全国跨省流动农民工总量的 14.21%（国家统计局，2014）。其次，地理位置居中，流动方向多样。河南省地处中国中原腹地，距我国主要劳动力市场分布地空间距离均较近，特别是在现代快捷的交通网络下，农民工可较方便地流入到不同地区。河南省农民工既有流入东南沿海、东部沿海、北部沿海的流向，也有流入西北地区、西南地区的流向，还有流入到周边省份的流向。务工目的地的多样性，为本研究提供了丰富的务工地变动和务工距离变迁样本。

9.1.2 数据来源

本研究所使用数据来源于作者组织的农民工调查。根据河南省农民工数量的地区分布，考虑到地形、城郊区位、经济发展水平等因素，依据调查操作的可行性原则，在河南省 18 个地级市中，选择 33 个样本村进行了调查。调查员来自于河南财经政法大学资源与环境学院在校研究生和本科生，调查时间选定在 2013 年 2 月农历春节期间。调查方式主要为入户问卷调查和村干部访谈。为保证调查单元的完整性和典型性，被调查对象选择在行政村下属的 1 个或 2 个村民小组中。调查共获得问卷 1 173 份，村干部访谈记录 33 份。调查结束后，对问卷数据进行录入，并根据现场录音进行核实，通过剔除无效问卷，共获得有效问卷 1 091 份，最终形成每份 63 个属性的数据库，该数据库成为本章研究的基础。

9.1.3　研究样本概况

分布广泛的各类样本村和样本务工者，确保了本研究的代表性。本研究的 33 个样本村，在地形方面，平原村 19 个，丘陵村 6 个，山区村 8 个；在区位方面，远郊村 10 个，中郊村 13 个，近郊村 10 个；在经济发展水平方面，水平高的样本村 10 个，水平低的 14 个，水平中等的 9 个[①]。大体上，每个样本村 27～35 个样本务工者。样本务工者共 1 091 位，其中，在教育程度上以初中为主，约占 60%，其次为高中及以上学历；在年龄上，务工者主要集中在 21～50 岁之间，80 后新生代农民工占 57.10%；在性别构成上，男性较多，占 68.82%，女性较少，占 31.18%。务工地空间分布较为分散，涵盖

---

① 划分标准为：远郊村距最近县城或城市距离 30 千米以上，中郊村 10～30 千米之间，近郊村 10 千米以内；村经济发展水平高低划分标准为农民人均纯收入高于、低于全省平均水平 15%，水平中等村处于二者之间。

全国 27 个省区市，但主要分布在河南、广东、江苏、浙江、北京、上海、山西、河北、新疆等地区。

9.2 农民工初终务工地空间变动特征

9.2.1 初终务工地转换频率

农民工初终务工地转换频率较高。据调查统计，初终务工地完全相同（即只在同一个务工地工作）者仅 182 人，占样本总数的 16.68%，其余 83.32% 的务工者均为初终务工地转换者。不仅如此，初终务工地完全相同者也主要集中在 1~5 年的较短务工期间内，占比为 62.64%，务工年限较长者，很少存在仅在一地务工的情况。事实上，农民工务工地变动十分频繁。2008 年 2 月到 2013 年 2 月 5 年间，农民工平均每人变动务工地点数量为 2.83 个，变动务工企业数量 3.36 个。其中，一半以上（51.05%）的农民工平均每年务工地数量在 0.6 及以上，仅 20.02% 的农民工平均务工地数量在 0.2（即 5 年间只在一个地点工作）。这些数据如和我国国有企业职工及事业单位职工多年只在一个地点或一个机构工作比较，显然是巨大的，说明在空间上农民工处于频繁的变动之中。由于农民工自身人力资本的限制和长期的户口制度的原因，他们在城市中主要进入次级劳动力市场，所从事的工作多为临时性的体力性工作，因此具有很大的流动性，这种流动不仅表现在务工企业上，也同时表现在地域上，且以地域流动为主，平均每个务工地的务工企业数量仅为 1.19 个。

9.2.2　初终务工地距离变化

至调查时，在农民工全部务工史中，初终务工地距离多数发生了显著的改变。在调查的 1 091 个农民工样本中，务工距离变近者 373 例，占总样本的 34.19%，务工距离变远者 359 例，占比为 32.91%。以上务工地距离显著变化者累计占比为 67.1%，其余为距离基本未变或根本没有变化者。总的来看，多数务工者的务工距离发生了显著改变，意味着务工地发生了显著改变。在空间上，农民工的务工行为实际上是以家乡村落为中心的空间飘荡行为，每一个务工地仅仅是其流动中的一个锚点，当然，这种飘荡并不是随机的，而是根据其自身需求和经验及所拥有的社会资本，在空间上搜寻的结果，且每一次空间变动都是以前期空间流动为基础的，从这个意义上看，务工地的变动实际上具有进化性，即从农民工自身价值判断，后一次较上一次都具有趋好性。

务工距离的变化在不同的务工年限区间具有不同的特征。整体上，在较少的务工年限段呈现出弱趋近性，而在较多的务工年限段具有弱趋远性。在务工年限 1~5 年区段，务工距离变近的人数为 163 人，占该区段总务工者的 34.39%，而距离变远的人数为 123 人，占比 25.95%，前者较后者高出 8.44%，表现出较弱的趋近性。在务工年限 6~10 年区段，基本表现出和 1~5 年区段相似的特点，即具有弱趋近性。另外，16~20 年区段、21~25 年区段同样也是变近者多于变远者。而在 26～30 年区段以上，距离变化趋势出现相反的趋势，即变远者数量略高于变近者数量，这可能是随着务工年限的增加和务工经验的积累，这些务工者对距离较远的地区有较多的了解从而选择在这些地区务工所致，即受到流动惯性的影响。

9.2.3 初终务工地行政空间类型转换

务工地的行政空间类型虽然整体上在初次务工和最终务工之间没有发生显著变化，但出现了弱回归本地的现象。对 909 位务工距离有变化的务工者分析，可发现较初次务工地相比，最终务工地在本县和本市的务工者比重略微上升，而本省和外省略微下降。其中，务工地在本县由原 158 人、占比 17.38% 上升到最终的 176 人、占比 19.36%，本市由原 116 人、占比 12.76% 上升到最终的 135 人、占比 14.85%。本县和本市的上升部分来自于本省和外省的下降，其中，务工地在本省的由原占比 16.28% 下降到最终的 14.96%，务工地在外省的下降至 2.75%（见表 9－1）。形成这种现象的原因可能是，本地经济的发展提供了较多的工作岗位，一些务工者不再背井离乡到较远的地方务工，也可能是由于个人或家庭的原因，农民工不得不在附近打工。但是，总的来看，上述的这种变化还是比较微弱的，务工地在行政空间上分布的总趋势并未发生明显改变。

表 9 - 1　　　　　务工地变动者的务工地行政区域类型转换矩阵

类型		初次务工地（人/%）			
		本县	本市	本省	外省
最终务工地 （人/%）	本县	76/43.18	17/9.66	18/10.23	65/36.93
	本市	26/19.26	49/36.30	22/16.30	38/28.15
	本省	22/16.18	15/11.03	52/38.24	47/34.56
	外省	34/7.36	35/7.58	56/12.12	337/72.94

注：本市是县外市内的简称，本省是市外省内的简称。

　　从具体的农民工初终务工地的转换矩阵中，可以观察到明显的空间惰性和从外省回归性。由表 9 - 1 可知，最终务工地在本县的务工者中，来自本县（初次务工地）的占比为43.18%，是来源构成的最主要部分，与此类似，最终务工地在本市、本省和外省的务工者来自本市、本省和外省的比例分别为 36.30%、38.24% 和 72.94%，均为最主要的来源地，表明务工地的选择存在较大的空间惰性。这可能与务工地选择中的空间认知有关，即务工者对周围环境的认知高于距离较远地区环境的认知。

9.3　影响因素分析

9.3.1　变量设计

　　农民工初终务工地的变化是农民工对务工地选择的结果，虽然务工地变动的直接原因是对收入和劳动强度的不满意、务家的需要和企业终止提供工作岗位等，但其背后却是多种因素综合作用的结果。这些因素概括起来，可分为务工因素、个人因素、家庭因素、村庄因素4类。首先是务工因素，包括务工时间的长短、初次务工距离的大小、初次务工的工种和务工地点数量等。一般而言，农民工的务工行为方式具有较大的惯性，当外界变量导致的结果超过农民工的预期时，务工地的变动将要发生，否则将不会改变务工地。务工时间的长短影响其经验积累，初次务工的工种反映了个体的人力资本水平，这些因素均影响对务工地的选择和判断。务工地点数量则是农民工务工地变换的直接表现。其次是个人因素，包括务工者本人的性别、年龄、婚姻状况、受教育水平等。不同的个人自然特征和社会特征，尤其是人力资本特征，对其行为方式具有重要影响，人的行为方式是建立在个人特征基础之上的，农民工对务工地的选择行为也是如此。再次是家庭因素，主要包括家庭人口规模、抚养比、耕地数量、家庭在村庄所处的经济地位等。家庭经济学认为，个人只是家庭的成员之一，在家庭中具有不同的社会分工，个人追求的往往是家庭收益的最大化而非个人收益的最大化，家庭中的成员同时具有务家的基本功能，因此家庭特征对农民工务工地的选择和变迁具有重要影响。最后是村庄因素，包括农民工所居住村庄和所在地区的经济发展水平、城郊区位条件、地形和村庄务工人员比重等。村庄社区作为农民工个体所在的主要环境对其经济行为方式具有重要的影响，地形、区位直接影响经济发展水平，而经济发展水平决定着就业水平，务工人员比重反映村庄劳动力状况和就业水平，劳动力状况影响着对务工地的选择。综合上面的分析，本章选择 4 类 16 个因子进行模型分析（见表 9 - 2）。

表 9 - 2　　　　　　　　　　　解释变量的赋值和含义

指标	变量	赋值	含义
务工因素	务工年限	实际值（年）	初次务工开始年份到调查时的年限
	初次务工距离	实际值（千米）	初次务工地到村庄的交通距离
	初次务工工种	1 一类；2 二类；3 三类；4 四类；5 五类	按照社会地位、经济收入、劳动强度、工作环境对务工者从事行业的大致分类[a]
	务工地点数量	实际值（个）	初次务工开始到调查时务工地点总数量
个人因素	性别	1 男性；0 女性	务工者的性别
	年龄	实际值（岁）	调查时务工者的年龄
	婚姻状况	1 已婚；0 未婚	调查时务工者的婚姻状况，离异归属于已婚类（样本很少）
	教育程度	上学年限（年）	务工者接受学校教育的年限
家庭因素	家庭人口规模	家庭总人口（人）	调查时务工者家庭实际人口数
	家庭抚养比	实际值	家庭中平均每个劳动力所分摊的被抚养人口数量
	家庭耕地面积	实际值（亩）	调查时该家庭承包耕地总面积
	家庭经济地位	1 好；2 较好；3 中等；4 较差；5 很差	农户家庭在本行政村的经济地位等级
村庄因素	村经济发展水平	1 低；2 中；3 高	农民人均纯收入分级，≤5 000 元，低；5 001 ~ 8 000 元，中；≥8 001 元，高
	村地形	1 平原；2 丘陵；3 山区	务工者所在村庄地形分类（崎岖度分类）
	村区位	1 近郊；2 中郊；3 远郊	按照村庄到最近县城或城市距离的分类
	村务工人员比重	实际值（%）	村庄中务工人员占全部人口的百分比

注：[a] 其中，1 主要包括清洁工、钟点工等；2 主要包括建筑工人、工厂普工等；3 主要包括售货员、工厂技工等；4 主要包括厨师、司机等；5 主要包括个体经商者等。

受篇幅的限制，被解释变量定义为农民工初终务工地距离变化，即初次务工地距离减去最终务工地距离，若前者小于后者，即距离变远为1，否则为0。因被解释变量为二元变量，因此采用二元逻辑回归进行分析，具体操作时在 SPSS 20.0 调用该模块即可。

9.3.2　模型与分析

将上述所设计的 16 个变量导入 SPSS 20.0 模型后，经运算，得到如表9－3所示的回归结果。模型通过相关检验，达到显著性水平。其中，务工年限、初次务工距离、务工地点数量、性别、教育程度、家庭人口规模、家庭抚养比、村区位等 8 个变量达到显著性水平。同时，经检验，自变量之间不存在共线性问题。

表9－3　　　　　　　　　模型运算结果

	变量	回归系数	标准误差	Wald 检验	Sig.	期望值
	常量	0.361	0.759	0.226	0.634	1.434
务工因素	务工年限	−0.025	0.013	3.770	0.052	0.975
	初次务工距离	−0.001	0.000	93.451	0.000	0.999
	初次务工工种	−0.081	0.104	0.595	0.441	0.923
	务工地点数量	0.082	0.029	8.074	0.004	1.086
个人因素	性别	0.519	0.186	7.779	0.005	1.680
	年龄	−0.004	0.010	0.188	0.665	0.996
	婚姻状况	0.125	0.232	0.292	0.589	1.134
	教育程度	−0.088	0.034	6.890	0.009	0.916

变量		回归系数	标准误差	Wald 检验	Sig.	期望值
家庭因素	家庭人口规模	0.154	0.059	6.898	0.009	1.167
	家庭抚养比	-0.756	0.114	44.208	0.000	0.469
	家庭耕地面积	0.026	0.030	0.754	0.385	1.026
	家庭经济地位	0.118	0.113	1.096	0.295	1.125
村庄因素	村经济发展水平	-0.129	0.108	1.424	0.233	0.879
	村地形	-0.179	0.123	2.143	0.143	0.836
	村区位	0.408	0.100	16.707	0.000	1.505
	村务工人员比重	-0.004	0.004	1.328	0.249	0.996

注：模型系数的综合检验 $x^2 = 229.741$，Sig. $= 0.000$。

　　务工因素中务工年限、初次务工距离和务工地点数量达到了显著性水平。整体上，务工年限的系数为负，表明务工年限越长，务工地距离将变近或不变。农民工的务工过程不仅是取得工资性收入的过程，也是务工地空间优化的过程。随着务工年限的增长和务工经验的积累，农民工将趋于选择较优的务工地和较为理想的工作，从而导致务工地稳定性增强，也可能导致务工地距离的变近，其原因可能有两个，首先务工年限的增长意味着务工者年龄的增长，其家庭责任感与务家功能将凸显，或是年龄较大、体力不支时归乡情结愈浓，从而导致在本地务工。其次可能是随着本地经济的发展，工作机会增多，因而导致本地务工的概率增大。初次务工距离因子的系数为负，表明初次务工距离较大者务工距离变近的概率增加，这可能与本地经济发展提供的工作机会增加有关，由于外出务工造成的社会资本的消失或减少及家庭和社会网络关系的中断，长距离务工仅是农民的次优选择（高更和等，2010；温素清、潘勇，

2014）。务工地点数量因子系数为正，表明务工地点数量越多，务工地距离变远的概率越大，这可能与距离较远地区较多的工作机会有关（多为国内较为发达的地区），其选择余地较大，并导致务工地变动较为频繁。

个人因素中性别和教育程度达到了显著性水平。性别因子的系数为正，说明男性较女性务工地距离变远的概率较大，原因可能与男性较为追求高收入和较富有冒险性有关，而女性相对而言较为保守和求稳。收入和地区经济发达程度有关，较远的发达地区的工资性收入显著高于较近的本地的工资性收入，例如，2013 年城镇职工平均工资，广东省、上海市和江苏省分别为 5.332 万元、9.091 万元、5.717 万元，而河南省为 3.830 万元（中华人民共和国国家统计局，2014），其差距显而易见。要获得较高的工资性收入，只能通过到较远的地区务工而实现。教育程度因子系数为负，表明教育程度较高者务工地距离变远的概率较小。教育程度较低者多为一般的体力劳动者，而较远的发达地区对此类劳动力有较大的需求，因而他们较多地选择在较远的地区务工。相对而言，人力资本水平较高者，可能具有较高的创业素质和技能，即使是务工也可能在本地获得较高的收入和较为稳定的工作，因而其务工地距离变近的概率较大。

家庭因素中的家庭人口规模和家庭抚养比达到了显著性水平。模型中，家庭人口规模的系数为正，表明人口规模较大家庭的成员务工地距离在初次务工地和最终务工地之间变大的概率较大，而较小规模家庭成员的务工地距离变小的概率较大。其原因在于人口规模较小家庭，主要劳动力需要照顾家庭中老人或小孩，为了兼顾务工收入和家务管理，务工者往往会选择近距离务工，使其务工距离变小的概率增大，而人口规模较大家庭的成员其家务管理的需求可能会变小，因而可以通过增加务工距离而实现较高的务工收入。与此对应的是家庭抚养比因子的作用，其系数为负，说明家庭抚养比大的家庭，其成员务工距离变小的概率较大，而家庭抚养比较小的家庭，务工者的务工距离变大的概率较大。实际上，在现有收入机制和体制作用下，农民工及家庭成员如要真正融入城市生活，成为真正的市民，仍需要较长的过程，目前多数务工者具有增加收入和务家的双重功能，其务工行为的最优是寻求二者的平衡。

村庄因素中只有村区位因子达到显著性水平。村区位因子系数为正，说明该因子对务工地距离变动具有正向影响，即村庄距离县城越远，务工地距离变大概率越大，村庄距县城越近，务工地距离变小概率越大。作为农区城镇体系的末端，县城对周围村落的影响却是最大的，县城往往吸引较多的附近村庄的劳动力就业，因此，村区位条件实际上是影响农民工就业的核心空间因素。在县城就业，农民往往选择在家居住的方式，这对于近郊的村落具有很大的优势，而距离较远的村落，由于通勤成本较高，则毫无优势，取而代之的往往是到较远的地区去取得较高的工资性收入。因此，近郊村落中的务工者务工地距离变近的概率高于远郊村落，尤其是随着县域经济的发展，县城的龙头作用日益突出，其吸纳劳动力就业的效应日益加大。

9.4　结　　论

第一，农民工初终务工地的变动十分频繁。大多数务工者初终务工距离发生了明显改变，但在不同的务工年限区间具有不同的变化特征，较短务工年限段的弱趋近性与较长务工年限段的弱趋远性形成了鲜明的对比，而在务工地行政空间类型转换中，整体态势并未发生根本变化，空间惰性特征明显，但出现了弱回归本地的现象。区域经济发展改变农民工流动空间的雏形已开始显现，发展地方经济应成为解决人口跨区域流动的重要手段。

第二，影响初终务工地距离变动的显著因子为务工年限、初次务工距离、务工地点数量、性别、教育程度、家庭人口规模、家庭抚养比、村区位等。其中，务工年限较长者、初次务工距离较大者、教育程度较高者、家庭抚养比较大者务工地距离不变或变小的概率较大，而务工地点数量较多者、男性、家庭人口规模较大者、村区位较偏远者，务工地距离变远的概率较大，反之亦然。目前，多数农民工的务工行为和空间选择机制依然是增加收入和务家之间的平衡，农民工真正的市民化仍任重而道远。

参 考 文 献

[1] 段成荣. 省际人口迁移迁入地选择的影响因素分析 [J]. 人口研究，2001，25 (1)：56 - 61.

[2] 符平，唐有财，江立华. 农民工的职业分割与向上流动 [J]. 中国人口科学，2012 (6)：75 - 82.

[3] 符平，唐有财. 倒 "U" 型轨迹与新生代农民工的社会流动 [J]. 浙江社会科学，2009 (12)：41 - 47.

[4] 高更和，刘清臻，乔家君，等. 中部农区农民期望务工距离研究——以河南三个样本村为例 [J]. 经济地理，2010，30

（7）：1159 –1163.

[5] 高更和，石磊，高歌. 农民工务工目的地分布研究——以河南省为例 [J]. 经济地理，2012，32（5）：127 –132.

[6] 国家统计局. 2013 年全国农民工监测调查报告 [EB/OL].（2014 – 05 – 12）[2015 – 02 – 25]. http：//www. stats. gov. cn/tjsj/zxfb/201405/t20140512_551585. html.

[7] 国家统计局. 2013 年中国农民工总量达 2.69 亿人 月均收入 2 609 元 [EB/OL].（2014 – 02 – 20）[2015 – 04 – 08]. http：//news. china. com. cn/2014 – 02/20/content_31535822. htm.

[8] 河南省人民政府. 河南省人民政府关于印发河南省新型城镇化规划（2014—2020 年）的通知 [EB/OL].（2014 – 07 – 03）[2015 – 02 – 24]. http：//www. henan. gov. cn/zwgk/system/2014/07/30/010487963. shtml.

[9] 李强. 影响中国城乡流动人口的推力与拉力因素分析 [J]. 中国社会科学，2003（1）：125 –136.

[10] 王超恩，符平. 农民工的职业流动及其影响因素——基于职业分层与代际差异视角的考察 [J]. 人口与经济，2013（5）：89 –97.

[11] 王昆仑. 皖北农民社会流动的影响因素分析——基于 S 村进城农民家庭生活史的调查 [J]. 重庆科技学院学报（社会科学版），2012（17）：54 –56.

[12] 温素清，潘勇. 河南农村居民外出务工情况调查 [J]. 中国统计，2014（1）：28.

[13] 杨肖丽，景再方. 农民工职业类型与迁移距离的关系研

究——基于沈阳市农民工的实证调查 [J]. 农业技术经济，2010，11：23 – 29.

[14] 余驰，石智雷. 往复式流动还是永久性回流：农村女性就业流动性差异及决定因素研究 [J]. 南方人口，2011，26 (1)：33 – 40.

[15] 张春泥. 农民工为何频繁变换工作 户籍制度下农民工的工作流动研究 [J]. 社会，2011，31 (6)：153 – 177.

[16] 中华人民共和国国家统计局. 中国统计年鉴 2014 [M]. 北京：中国统计出版社，2014：197 – 208.

[17] Aldashev A，Dietz B. Economic and spatial determinants of interregional migration in Kazakhstan [J]. Economic Systems，2014，38 (3)：379 – 396.

[18] Constant A F，Zimmermann K F. Circular and repeat migration：Counts of exits and years away from the host country [J]. Population Research and Policy Review，2011，30 (4)：495 – 515.

[19] Constant A F，Zimmermann K F. The dynamics of repeat migration：A Markov chain analysis [J]. International Migration Review，2012，46 (2)：362 – 388.

[20] Dustmann C. Return migration，wage differentials and the optimal migration duration [J]. European Economic Review，2003，47 (2)：353 – 369.

[21] Hu F，Xu Z，Chen Y. Circular migration，or permanent stay？Evidence from China's rural-urban migration [J]. China Economic Review，2011，22 (1)：64 – 74.

［22］ Jagger P, Shively G, Arinaitwe A. Circular migration, small-scale logging, and household livelihoods in Uganda ［J］. Population and Environment, 2012, 34 （2）: 235 – 256.

［23］ Lewer J J, Van den Berg H. A gravity model of immigration ［J］. Economics Letters, 2008, 99 （1）: 164 – 167.

［24］ Mansoor A, Kokil A K, Joysuree V. Circular migration as a development tool: The Mauritian approach ［C］. Omelaniuk I. Global perspectives on migration and development. Dordrecht: Springer Netherlands, 2012: 53 – 57.

［25］ Poston D L, Zhang L. Ecological analyses of permanent and temporary migration streams in China in the 1990s ［J］. Population Research and Policy Review, 2008, 27 （6）: 689 – 712.

［26］ Vanwey L K. Land ownership as a determinant of temporary migration in Nang Rong, Thailand ［J］. European Journal of Population, 2003, 19 （2）: 121 – 145.

［27］ Wickramasekara P. Circular migration in Asia: Approaches and practices ［C］. Battistella, G. Global and Asian perspectives on international migration. New York: Springer International Publishing, 2014: 51 – 76.

［28］ Willmore L, Cao G Y, Xin L J. Determinants of off-farm work and temporary migration in China ［J］. Population and Environment, 2012, 33 （2 – 3）: 161 – 185.

第 10 章

中部农区农户务工区位
选择影响因素

20 世纪 90 年代以后，民工潮逐渐成为中国社会经济发展的重大问题，务工队伍越来越庞大，农户务工成为一种重要的社会经济现象。据研究，农村劳动力流动就业的规模约为 1.2 亿人，其中进城农民工约为 1 亿人，跨省流动就业的农民工约为 6 000 万人（劳动和社会保障部课题组，2006）。中国目前正经历着人类历史上在和平时期前所未有的、规模最大的人口迁移活动，并成为世界上最大的人口迁移流（编辑部，2006）。

国内外学者对劳动力流动和人口迁移的研究成果颇丰，研究内容主要集中于务工和迁移的动因、机制与影响因素（Yang，2000；Lewis，1954；Stinner et al.，1993；Massey，1993；Portes，1993），务工的区域影响和社会影响（Yang，2000），农村剩余劳动力转移途径（董文柱，2003），农民工非永久性迁移（李强，2000）、农民工社会分层及区域性农民工流动的现状问题和对策（刘瑞芝，1998）研究等方面。以上这些研究多来自经济学和社会学，地理学的相关研究成果较少，研究内容主要集中于农民工的区域分布（蔡

建明，1990）、区域差异（李玉江，1999）、流向（蔡昉，1998；李
玲，2001）和转移空间途径（董文柱，2003）等方面，研究视角侧
重于宏观区域分析，研究方法多采用规范分析，研究数据大多是使
用统计数据，基于农户微观视角的农户务工区位的研究成果较少，
而此类研究是认识农户务工空间规律和农民工流动规律的基础。村
落是农户务工的起点和终点，他们务工生活的城镇只是他们以村落
为中心的活动空间的一个锚点。因此，研究务工者的空间行为，以
村庄为中心来进行具有较大优势。本章主要从村域农户微观角度，
探讨务工区位选择中的影响因素问题。研究发现，农户关系网络对
务工地的选择具有关键作用，农户对务工地的选择是在能够预期取
得一定收入的前提下，综合考虑个人、家庭和社区因素的结果，地
理环境因素对务工地的选择具有重要影响。

10.1　数据来源与研究区域选择

10.1.1　数据来源

数据主要通过入户问卷调查获取。在国家自然科学基金重点项
目的资助下，通过与当地政府部门的协调，由调查员按照问卷对务
工农户进行了调查。调查之前，根据调查内容设计了调查问卷，并
经过反复讨论和实地试验。调查员在河南大学环境与规划学院硕士
研究生中和南阳师范学院环境科学与旅游学院本科生中择优选取，

共 12 人。调查员经过严格培训后,在 2006 年 2 月农历春节时
(2006 年 1 月 15 日~2006 年 2 月 20 日),对 3 个样本村回家过春节
的农民工进行了面对面调查。调查员培训的内容包括问卷调查的目
的、意义、访问技巧、注意事项等。本次调查共获取务工区位调查
问卷 303 份,其中有效问卷 288 份。

调查问卷回收后,进行甄别,去除无效问卷,对有效问卷进行
编号,将纸质问卷答案数据输入 Excel 2000 中,形成农户务工区位
数据库,该数据库大小为:288 × 157 = 45 216(288 户,每户 157
个属性)。该数据库是本章研究的基础,以下的模型运算和影响因
子分析均建立该数据库之上。

10.1.2 研究区域选择

河南省在我国中部农区具有一定的典型性和代表性(高更和
等,2007),南阳市是河南省的农业大市,在农业和农区中具有较
强的代表性,因此,我们选择南阳市作为研究的样本地区。2005
年,南阳市人口达 1 075 万人,占到河南省总人口的 11%,是河南
省 18 市中人口最多的市,但是城镇化水平仅为 30%,低于全省平
均水平,南阳市农民人均纯收入为 2 894 元,排名第 11 位,居中等
水平。2005 年南阳市主要农业指标在河南省占据重要位置,如耕地
面积、农林牧渔业增加值、油料产量在 18 市中居于首位,农业从业
人员数量、粮食总产量、棉花产量居第二位,粮食播种面积虽然排
名第四,但与第二相比相差甚少(河南省统计局,2006)。南阳市
也是河南省农民工外出最多的地区之一。

　　在南阳市内，采用分层抽样方法对样本村进行选择。分层抽样方法是研究复杂对象的有效方法，鉴于研究的可行性，有必要对大样本数量进行简化，而分层抽样是简化样本数量的科学手段。研究首先将南阳市 214 个乡镇按地形（山区、丘陵和平原）进行分层，然后在各分层中进行随机抽样，以确定调查乡镇，最终选取的调查乡镇是社旗县下洼乡（山区）、镇平县曲屯镇（丘陵）和西峡县回车镇（平原）。在三个乡镇中，根据代表性原则、典型性原则和城郊区位条件，分别选取下洼乡山口村石河组、镇平县曲屯镇花栗树村下侯家组和西峡县回车镇红石桥村郭营组作为调查样本村。

10.2　理论分析与研究假设

　　影响外出务工及务工区位选择的因素包括个人特征、家庭特征和社区特征等变量。农户外出务工的过程在空间上实际上是务工者由居住地到务工地的移动过程，是否移动、移动到哪里是由务工者决定的，而其决策与有关居住地的因素密切相连，这些因素包括长期生活在家乡所形成的个人特质和家庭特质，同时又包括居住地的社区特征，而务工地只是基于这些特征所作的一种选择。

　　务工者本人的性别、年龄、婚姻、学历等个人因素对外出务工及务工区位选择有重要影响。外出务工虽然能够取得一定的经济收入，但是用工单位对务工者本人的素质有一定的要求，务工过程本身也具有一定的风险性，因此，务工者具有一定的选择性。不同人的不同生理、经济、文化和社会特征，获取信息的不同途径，对待风险的不同态度，影响到对务工区位的决策。一般而言，男性较女性更富有冒险精神，因此其迁移距离可能较大；年龄较小者，由于身体强壮，后顾之忧较小，同时较具有冒险精神，对工资水平期望较高，因此其务工距离可能较远；已婚者，尤其是有小孩者，由于家庭负担较重，他们往往选择在本地务工；较高学历者，在较高收入的外地能较容易地找到工作且往往对自己充满自信，由此可能趋于在更远的地方务工。

务工区位选择不仅要考虑个人因素，同时也要考虑家庭因素。因为个人只是家庭成员之一，家庭利益往往要高于个人利益，个人务工决策的制定必须考虑家庭特征，个人是否务工也取决于家庭决策。如果家庭中有（较多的）老人和有（较多的）上学子女，作为家庭主要劳动力的潜在务工者可能不外出务工或在较近的地方务工，即家庭人口较多、家庭类型较为复杂、稳定型家庭、代数较多家庭的务工者其务工距离可能较近。有上学子女或上学人数较多的家庭，务工者出于对上学子女的照料，更可能选择在较近的地方务工。当家庭有较多的劳动力时，由于家庭管理成本较低，其务工者可能更趋于在较高收入的外地务工。人均耕地面积较大的家庭，可在当地取得较高的农业收入，因此其务工距离可能较小，或者不选择外出务工策略。总之，家庭特征变量是影响务工区位选择的重要因素。

社区因素也是影响农户外出务工和务工区位选择的重要因素。社区的交通条件、务工传统、经济发展水平、地形等因素均对务工区位选择有一定影响。经济发展水平较高的村，村民在本地就业的概率较大，因此往往选择就近务工。地形比较复杂的村（如山区），由于地形的影响和落后的交通以及较低的经济发展水平，村中的务工者在本地就业困难，因此趋向于选择在较远的地方务工。而近郊村的务工者由于在附近的城市中容易实现就业，所以往往选择在本地较近距离务工，与此相对应，距离县城或城市越近，其在当地务工的概率越大。社区内部的务工网络能够为潜在或实际的务工者提供信息，提供各种形式的支援，从而降低迁移风险和成本，尤其是务工网络的示范功能，往往能引导务工者选择务工地，因此，关系网络往往对务工地的选择具有决定性意义。

由上面的分析可知，农户外出务工区位的选择受到性别、年龄、婚姻、学历等个人特征和家庭利益最大化、家庭类型、家庭劳动力数量等家庭特征及村经济发展水平、交通状况、关系网络等社区特征的影响。因此，我们的研究将从这三方面展开。为了进一步分析务工距离和务工区位选择的成因，我们做出了以下研究假设。

假设 10 - 1：性别、年龄和婚姻状况不同，务工距离有明显差别。男性、年龄较小者、未婚者到较远地方务工的概率较大；相反，女性、年龄较长者和已婚者在较近地方务工的概率较大。

假设 10 - 2：高学历的人趋于在更远的地方务工，而低学历的人趋于在距离较近的地方务工。

假设 10 - 3：农户家庭中人口越多、劳动力越多，越趋向于到较远的地方务工。家庭代数越多、上学子女越多，农户中的务工者越趋于在较近地方的务工。

假设 10 - 4：人均耕地与务工距离成反比，即人均耕地越多，在附近务工的概率越大。

假设 10 - 5：务工者社会网络的引导对务工地的选择具有重要

作用。

假设10-6：经济发展水平越高，在附近地区务工的概率越大，经济越落后，在较远地方务工的概率越大。

假设10-7：地形越崎岖，越趋于到较远的地方务工。反之亦然。

10.3 变量设计与说明

影响农民外出务工的因素可概括为个人、家庭、社区三大类变量，其中，个人特征变量包括务工者本人的性别、年龄、学历、婚姻状况等因子；家庭变量包括务工者所在家庭的人口规模、劳动力数（量）、家庭类型、家庭生命周期，人均耕地等因子；社区变量包括务工者所在村的经济发展水平、地形、城郊类型、关系网络、交通状况、城郊区位等因子。每个因子的具体含义、赋值统计方法见表10-1。

表10-1 变量设计

序号	变量	赋值	含义
1	性别	1 男性；0 女性	务工者本人的性别
2	年龄	实际年龄（岁）	务工者从出生到调查年的实际年龄
3	学历	实际学龄（年）	务工者实际上学的年限，不包括短期培训
4	婚姻状况	1 结婚；0 未婚	务工者本人调查时的婚姻状态

序号	变量	赋值	含义
5	家庭人口	实际人数（人）	务工者家庭调查时的实际人口数，包括未上户口的人口
6	劳动力数	家庭中的劳动力数量（人）	务工者家庭中，男性 15～60 岁，女性 16～55 岁的健康人口数量（不包括在读学生）
7	家庭类型	1 核心家庭；2 直系家庭；3 扩展家庭	根据家庭成员结构决定的家庭类型。因为被试者无单亲家庭，故未考虑单亲家庭因素
8	家庭生命周期	1 形成；2 扩展；3 稳定；4 收缩；5 空巢；6 解体	家庭从建立、发展到解体和消亡的过程，可分为 6 个阶段[a]
9	人均耕地	家庭人均耕地面积（亩/人）	家庭人均耕地面积 = 家庭总耕地面积/家庭总人口
10	家庭代数	家庭中的代际数量	家庭中由几代人构成
11	上学人数	家庭中上学子女数量（人）	包括所有上小学、中学和大学的子女
12	村经济发展水平	务工者所在村人均 GDP（元/人）	人均 GDP = 务工者所在村 GDP/村总人口
13	村地形	1 平原；2 丘陵；3 山区	务工者所在村地形类型
14	村城郊类型	1 城郊；0 非城郊	务工者所在村是城市郊区或非城市郊区
15	关系网络	0～30	若为关系网络引导到该地务工，则其值为村到务工地距离的百分之一；若无则为 0
16	村交通状况	实际值（千米）	村到最近公路的距离
17	城郊区位	实际值（千米）	村到最近县城或城市的距离

注：[a] 可分为 6 个阶段。第一，家庭形成阶段，即从初婚到家庭主妇初育；第二，家庭扩展阶段，即第一个孩子出生至最后一个孩子出生；第三，家庭扩展完成阶段，即最后一个孩子出生到第一个孩子结婚或工作等原因离家；第四，家庭收缩阶段，即从第一子女离家到最后一个子女离家；第五，空巢阶段，即最后一个子女离家到配偶一方死亡；第六，家庭消亡阶段，从配偶一方死亡到双方死亡（冯天立，1994）。

如果模型中变量之间存在自相关，可能会造成对变量影响作用的估计正确性，有学者提出将 ±0.8 作为自相关阈值①。经过对上述因素的相关性检验，发现村城郊类型、村交通状况、城郊区位与村经济发展水平有高度的相关性，因此，将村城郊类型、村交通状况、城郊区位 3 个因子删除。

10.4　模型与讨论

样本务工者的务工地分布于北京、上海、天津、福建、广东、贵州、河北、河南、湖北、吉林、江苏、辽宁、山东、陕西、山西、浙江等 16 个省市，主要集中于河南、广东两省，其分别占总务工者的 47.9% 和 31.5%，其次为浙江、河北、天津、上海、山西、江苏、福建，再次为北京、陕西，其余省市分布较少。整体而言，务工地主要分布于制造业比较发达的广东省和务工者来源地附近的省份，沿海省份整体较多。西北地区、西南地区和东北地区分布极少，其原因与距离和制造业发达程度有关。此外在新加坡务工 3 位，主要从事船员工作，由职业中介机构组织实施。

具体到国内，务工者分布在上述 16 个省市的 38 个地级市中。它们主要是南阳、广州、东莞、杭州、郑州、深圳、天津、邢台、上海等。

农户务工区位问题的核心是到哪个地方务工，我们可以从务工

---

① 史天健，Kirsten H A. 调查研究技术与项目设计 [Z]. 北京大学中国国情研究中心（内部资料），1999.

距离、务工地带（务工地所处的三大地带）、务工空间类型（务工地所在行政区域类型）等方面对此问题进行分析。

10.4.1　子模型1：务工距离的回归概率参数估计

将务工距离分为本地（100千米内）和外地（100千米以外）两类（根据样本村位置和样本地区的范围大小，设定本地与外地的分界点为100千米），采用SPSS13.0中的二元逻辑回归模块进行分析，将个人因素、家庭因素和社区因素引入后，采用强迫法运算，可得到最终模型，其估计参数如表10-2所示。模型的拟合度较高，Nagelkerke R^2 为0.836，模型中总百分率的符合率为90.6%，达到了比较满意的结果，同时模型的显著性水平很高，为0.000。

表10-2　　　务工距离和务工地带二元逻辑回归模型参数

因子类	因子	务工距离模型		务工地带模型	
		系数	显著性水平	系数	显著性水平
常数项		0.8715	0.8406	-0.0850	0.9761
个人因素	性别	0.7184	0.2979	0.4886	0.2994
	年龄	-0.0623**	0.0452	-0.0250	0.2952
	学历	-0.0785	0.5559	-0.0053	0.9538
	婚姻状况	0.1969	0.7834	0.1231	0.8190
家庭因素	家庭人口	0.0925	0.8316	-0.0575	0.8597
	劳动力数	0.2279	0.5501	0.3756	0.1565
	家庭类型	1.5384*	0.0670	-0.3233	0.6234

因子类	因子	务工距离模型		务工地带模型	
		系数	显著性水平	系数	显著性水平
家庭因素	家庭生命周期	0.2824	0.5820	− 0.1389	0.7065
	人均耕地	0.4085	0.5780	− 0.2277	0.5677
	家庭代数	− 2.4330**	0.0118	− 0.5364	0.4127
	上学人数	− 1.0350*	0.0566	− 0.3237	0.3734
社区因素	村经济发展水平	− 0.0002	0.3724	− 0.0002	0.2084
	村地形	0.6720	0.4706	0.2943	0.6379
	关系网络	1.0102***	0.0000	0.6795***	0.0000

注：①因变量：本地为 0，外地为 1（以 100 千米为界）；非东部为 0，东部为 1。
② *** 显著性水平为 0.01，** 显著性水平为 0.05， * 显著性水平为 0.1（因为是社会地理的研究，因此适当放宽了显著性水平的要求）。

该模型中，年龄、家庭类型、家庭代数、上学人数、关系网络等因子达到了显著性水平。年龄因子系数为负，表明年龄与务工距离呈反方向变化，年龄越大在较远地方务工的概率越小，年龄越小在较远地方务工的概率较越大。其形成主要与不同年龄务工者在家庭中的贡献有关，同时与务工者本人的观念有关。年龄较小者，对外面世界充满了好奇和憧憬，希望到外面闯一闯，同时无照顾家人的后顾之忧，而年龄较大者则需要照顾子女或年迈的父母。家庭类型因子系数为正，说明复杂型家庭中的务工者在较远地方务工的概率较大，而在较近地方务工的概率较小，因为复杂型家庭往往拥有比较多的劳动力。家庭代数因子系数为负，表明家庭代数越多，其务工者在较近地方务工的概率越大，因为作为务工者的劳动力需要照顾家人，家庭抚养成本较高。上学人数在此模型中达到了显著性要求，其系数为负，且系数较大，说明上学人数是影响务工距离的重要因子。上学人数与务工距离呈反方向变化，即上学子女数越多，父母在本地务工的概率越大，反之亦然。其原因可能是父母不仅需要为上学子女提供学费和生活费用，同时也需要提供生活方面和情感方面的照顾。如果父母在远处务工，则会为照顾子女带来很大不便。因此，有上学子女的父母或较多上学子女的父母在本地务工的概率较大，而没有上学子女的父母，则在较远距离务工的概率较大。关系网络因子的系数为正，且系数较大，表明关系网络是影响务工距离的重要因子之一。许多研究都表明，关系网络对务工地的选择具有重要意义。关系网络不仅为务工者提供信息，同时也可能为务工者提供资金帮助、生活照顾和情感支持。可以设想，在现在复杂的社会关系和信任危机中，在没有关系网络的情况下，一个寻找工作的农民在一个陌生的城市会面临多少不便和风险，只有很少的人才冒此风险。根据务工者样本统计，只有11.8%的人是自己开辟找到务工岗位的，另有1.1%的人是通过广播、电视、广告等媒体找到工作岗位。经过政府和中介组织介绍务工的比例也只有7%，绝大多数（80.1%）的务工者均由亲戚、同学、朋友、同族人、同村人介绍去务工并一同前去。因此，关系网络在务工地的选择中具有决定性作用。

总之，影响农户务工距离选择的主要因素是年龄、家庭类型、家庭代数、上学人数和关系网络因子。年龄较大者、家庭类型较简单者、家庭代数较多者、上学人数较多者和关系网络较少者，选择在本地务工的概率较大，反之亦然。

10.4.2 子模型 2：务工地带的回归概率参数估计

按照我国三个地带的较新划分，我们将务工地也分为东部、中部、西部 3 大地带。由于到西部务工的人数很少，仅占到全部务工者的 2.1%，很难具有代表性，因此，我们研究的重点是在中部务工还是到东部务工，故采用二元逻辑回归模型进行分析。将个人因素、家庭因素和社区因素引入模型，可得到务工地带模型，其参数参见表 10 – 2。模型的拟合度较高，Nagelkerke R^2 为 0.763，总百分率的符合率为 84.5%，模型的显著性水平也很高，为 0.0000。

模型中只有关系网络因子达到了显著性水平，且其系数的绝对值也较大，这表明，关系网络因子对决定务工地带具有十分重要的影响。正如前面分析的那样，一个潜在的务工者在决定到哪里务工时，关系网络往往具有引导、示范、支持和保障作用，其对区位选择往往具有决定性的意义。

10.4.3 子模型 3：务工空间类型的回归概率参数估计

务工空间类型是按照行政区划分的务工地域类型，主要包括务工者所在的县域（简称县内）、县外市（南阳）内、市外（河南）省内和省外 4 类。务工空间类型与务工距离有一定的相关性，但其空间内涵不同，由于务工空间范围逐步增大，可以将务工空间作为有序多元变量来处理，具体运行结果如表 10 – 3 所示。

表 10－3　　　　　　　务工空间类型的有序逻辑回归模型参数

因子类	因子	系数	标准误	Wald 值	自由度	显著性水平	95% CI	
							下界	上界
个人因素	性别	1.1152**	0.5026	4.9225	1	0.0265	0.1300	2.1003
	年龄	−0.0413*	0.0236	3.0628	1	0.0801	−0.0875	0.0049
	学历	−0.1095	0.0944	1.3465	1	0.2459	−0.2945	0.0755
	婚姻状况	−0.6129	0.5213	1.3822	1	0.2397	−1.6346	0.4089
家庭因素	家庭人口	0.1769	0.3235	0.2991	1	0.5844	−0.4571	0.8110
	劳动力数	−0.1285	0.2744	0.2193	1	0.6396	−0.6662	0.4093
	家庭类型	0.3748	0.5962	0.3952	1	0.5296	−0.7937	1.5433
	家庭生命周期	−0.1027	0.3842	0.0715	1	0.7892	−0.8558	0.6503
	人均耕地	0.4354	0.5615	0.6013	1	0.4381	−0.6651	1.5360
	家庭代数	−1.4211**	0.6594	4.6446	1	0.0312	−2.7136	−0.1287
	上学人数	−0.8203**	0.3751	4.7834	1	0.0287	−1.5554	−0.0852
社区因素	村经济发展水平	−0.0007***	0.0002	17.1768	1	0.0000	−0.0010	−0.0004
	村地形	1.8362**	0.7322	6.2890	1	0.0121	0.4011	3.2712
	关系网络	0.9673***	0.1068	81.9851	1	0.0000	0.7579	1.1767

注：①最终模型吻合显著性水平：0.000。②Nagelkerke R^2：0.801。③ *** 显著性水平为 0.01， ** 显著性水平为 0.05， * 显著性水平为 0.1。

个人因素中，性别和年龄因子为影响务工空间的重要因子。性别因子的系数为正，表明在更大务工空间中男性的概率较高，而在较小的务工空间中女性较高。年龄因子系数为负，说明年龄较大者在较小空间中务工的概率较高，年龄较小者在较大务工空间中的概率较高。

家庭因素中，家庭代数和上学人数达到了显著性水平，该 2 个因子系数均为负，说明其与务工空间呈反方向变化。家庭代数越多在更大空间务工的概率越小，家庭代数越少，在更大空间务工的概率越大，其形成主要是与抚养成本、家庭感情纽带等原因有关。上学人数与此类似，上学人数越多，在更大空间务工的概率越小，上学人数越少，在更大空间务工的概率越大，而其形成的可能原因是抚育成本在多上学子女中较大的缘故。

社区因素中，村经济发展水平、村地形和关系网络因子均达到了显著性水平。村经济发展水平因子系数为负，说明经济越发达的村，在较小空间务工的概率越大，经济越落后的村在较大空间务工的概率较大。其原因可能是经济发达的村，附近有较多的就业岗位，可实现剩余劳动力的就地就业，而经济落后的村则不可能就地就业，为了增加收入，只能到较大的空间中务工。村地形因子系数为正，说明地形越崎岖到更大空间务工的概率越大，地形越平坦在较小空间务工的概率越大，因为平原村比较容易就地解决就业问题。关系网络因子为正，说明关系网络对务工空间具有正向的引导作用。

10.5　结论与政策建议

基于农户微观角度的务工区位选择研究是认识农民工流动空间规律的基础。本章利用3个样本村的实证研究表明，务工者不同的个人特征、家庭特征和社区特征对其务工地的选择具有重要影响。假设10-1中的婚姻假设、假设10-2、假设10-3中的家庭人口数量假设和假设 10 - 4 被证伪，其余假设被证实，具体结论如下。

性别不同，其务工空间具有明显差别，男性更趋于在较大的空间务工，而女性则趋于在较小的空间务工。年龄不同，其务工距离和务工空间具有显著差异。年龄越小，越趋于在较远和较大空间务工，反之亦然。家庭类型不同，其务工距离具有明显差异，复杂型家庭在较远地方务工的概率较大，反之亦然。家庭代数和家庭中上学人数不同，其务工距离和务工空间具有显著差异，家庭代数越少、上学子女数越少，越趋于在较远的地方和较大的空间务工，反之亦然。村经济发展水平不同，其务工空间具有显著差异，村经济发展水平较低者在更大空间务工的概率较大。村地形不同，其务工空间具有显著差异，山区较平原更趋于在较大的空间内务工。另据研究（高更和等，2007），家庭代数、村经济发展水平和关系网络是影响农户务工地城镇规模类型选择的重要因素，家庭代数与城镇规模类型呈反方向变化，村经济发展水平是影响农户务工地城镇规模类型选择的重要反向因素。关系网络对务工者务工地的选择具有重要作用。

农户对务工地的选择是在能够预期取得一定收入的前提下，综合考虑个人、家庭和社区因素的结果是理性的，地理环境因素对务工地的选择具有重要影响。与永久性迁移的迁移者选择性相同，非永久性务工迁移也具有一定的选择性，但是其形成原因主要在于削减家务管理成本和规避迁移风险，因此规范劳动力流动市场、降低迁移风险以及农村社会化服务体系的完善和消除务工者的后顾之忧对农村剩余劳动力的合理流动具有关键意义。本章从务工区位选择角度进一步验证了"移民网络"（Massey et al. , 1987）理论在非永久性迁移中的适用性，其政策含义是，对于没有或较少外出务工者的村，如果要发展劳务经济，对先期务工者的引导以及培育务工关系网络具有十分重要的意义，而当外出务工者发展到一定规模时，靠其自身的网络引导已经很容易使潜在务工者成为实际的务工者，因此，政府工作的重心应该放在种子务工者的培育上。

本章研究以中部典型农区为研究样本，揭示出影响农户务工区位选择的主要因素及作用机制，所得结论在这类地区具有一定的普遍性，但能否运用于更大范围和其他地区，还有待于进一步研究。

参 考 文 献

[1] 编辑部. 可持续发展信息与动态 [J]. 中国人口·资源与环境, 2006 (6): 168.

[2] 蔡昉. 转轨时期中国劳动力迁移的区域特征 [J]. 当代亚太, 1998 (7): 19-23.

[3] 蔡建明. 中国省级人口迁移及其对城市化的影响 [J]. 地理研究, 1990, 9 (2): 122-128.

[4] 董文柱. 我国农村劳动力转移途径的再思考 [J]. 中国农村经济, 2003 (9): 65-68.

[5] 冯天立. 北京婚姻、家庭与妇女地位研究 [M]. 北京: 北京经济学院出版社, 1994: 24.

[6] 高更和, 梁亚红, 李小建. 中部农区农户务工地城镇规模类型研究——以河南省三个样本村为例 [J]. 经济地理, 2007, 27 (6): 922-926.

[7] 河南省统计局. 河南统计年鉴 2006 [M]. 北京: 中国统

计出版社，2006.

[8] 劳动和社会保障部课题组. 当前农民工流动就业数量、结构与特点 [N]. 工人日报，2006 - 02 - 14：6.

[9] 李玲. 改革开放以来中国国内人口迁移及其研究 [J]. 地理研究，2001，20（4）：453 - 462.

[10] 李强. 中国城市中的二元劳动力市场与底层精英问题 [J]. 清华社会学评论，2000（S）：151 - 167.

[11] 李玉江. 农业剩余劳动力转移区域研究 [M]. 济南：山东人民出版社，1999：220 - 228.

[12] 刘瑞芝. 九十年代河南农村剩余劳动力转移的经济分析 [J]. 中州学刊，1998（5）：46 - 49.

[13] Lewis W A. Economic development with unlimited supplies of labor [J]. Manchester School of Economic and Social Studies, 1954, 22：139 - 191.

[14] Liang Z, Michael W. Market transition, government policies, and inter provincial migration in China：1983 - 1988 [J]. Economic Development and Cultural Change, 1997, 45 (2)：321 - 339.

[15] Massey D S, Alarcon R, Durand J, et al. Return to Aztlan：The Social Process of International Migration From Western Mexico [M]. Berkeley：University of California Press, 1987：92 - 96.

[16] Massey D S. Theories of international migration：review and appraisal [J]. Population and Development Review, 1993, 19 (3)：431 - 466.

[17] Portes A. Embeddedness and immigration：Notes on the deter-

minants of economic action ［J］. American Journal of Sociology, 1993, 98: 1320 - 1350.

［18］ Stinner W F, Xu W, Wei J. Migrant status and labor market outcomes in urban and rural Hebei province ［J］. China Rural Sociology, 1993, 58: 366 - 386.

［19］ Yang X S. Determinants of migration intentions in Hubei Province, China: Individual versus family migration ［J］. Environment and Planning A, 2000, 32: 769 - 787.

第 11 章

中部农区农民期望
务工距离研究

　　中国目前正经历着人类历史上在和平时期前所未有的、规模最大的人口迁移活动，并成为世界上最大的人口迁移流（编辑部，2006）。迁移距离作为人口迁移流的重要方面，一些学者对此进行了研究。两地之间的空间距离是影响人们作出是否迁移的主要因素（Poston and Michael，1998；Liang and Michael，1997）。两个省份之间的空间距离对两个省之间的人口迁移发生概率起着"障碍"作用（段成荣，2001）。距离越远，人口迁移的概率越小，风险厌恶者，往往选择短距离迁移（马九杰、孟凡友，2003a）。迁移距离与迁移成本及风险程度之间呈正向相关关系（马九杰、孟凡友，2003b）。对于迁移者来说，随着迁移距离的增加，其具有有效的社会关系以帮助实现迁移的可能性就下降。迁移目的地距离家乡越远，迁移者越缺乏社会关系（蔡昉，1998）。此外，国外人口迁移理论也对距离和迁移的关系进行了研究。迁移发生率与源地、目的地之间的距离成反比（赵荣等，2007）。美国国内的人口迁移，距离每增加1 609.34千米而增加的迁移成本，需要5美元的预期收入才能补偿

（Hamermesh and Rees，1993）。北欧国家居民向瑞典迁移，到迁移目的地距离每增加 1 倍，该目的地被迁移者选中的概率降低 50%。有关我国劳动力迁移的这些研究大多基于统计数据，研究方法多采用规范分析，研究视角侧重于宏观的区域分析，普遍认为距离是影响迁移的重要制约因素。然而在当今日益发达的交通条件下，距离对迁移量的影响具有复杂性（高更和、李小建，2008），同时多数的研究是关于距离和迁移量关系的事后研究，对迁移期望距离的研究则很少，而期望务工距离反映了农民在未来务工地决策中的距离选择趋势，对其研究有助于在微观层面了解农民工流动的倾向和规律。本章从村域农民微观角度，主要基于入户调研数据，分析农民期望务工距离问题，即期望务工距离的分布规律和其选择的动因及影响因素。通过研究，有望揭示农民期望务工距离的规律，为调控农民工的合理流动提供参考。

11.1 数据来源与研究区域选择

11.1.1 数据获取

本研究数据主要通过入户问卷调查获取。在国家自然科学基金重点项目的资助下，通过与当地政府部门的协调，由调查员按照问卷对务工农民进行了调查。调查员在河南大学环境与规划学院硕士研究生中和南阳师范学院环境科学与旅游学院本科生中择优选取，

包括作者本人在内，共 12 人。调查员经过严格培训后，在 2006 年
2 月农历春节时（2006 年 1 月 15 日～2006 年 2 月 20 日），对 3 个
样本村回家过春节的农民工进行了面对面调查。调查员培训的内容
包括问卷调查的目的、意义，访问技巧，注意事项等。本次调查共
获取务工区位调查问卷 303 份，其中有效问卷 288 份。

　　调查问卷回收后，进行甄别，去除无效问卷，对有效问卷进行
编号，将纸质问卷答案数据输入 Excel 2000 中，形成农民务工区位
数据库，该数据库大小为：288×157＝45 216。

11.1.2　研究区域选择

　　由于河南省在我国中部农区具有一定的典型性和代表性，南阳
市在河南省农业和农区中具有较强的代表性（高更和等，2007），
因此，我们选择南阳市作为研究的样本地区。在南阳市内，采用分
层抽样方法对样本村进行选择。首先将南阳市 214 个乡镇按地形
（山区、丘陵和平原）进行分层，然后在各分层中进行随机抽样，
以确定调查乡镇，最终选取的调查乡镇是社旗县下洼乡（山区）、
镇平县曲屯镇（丘陵）和西峡县回车镇（平原）。在三个乡镇中，
根据代表性原则、典型性原则和城郊区位条件，分别选取下洼乡山
口村石河组、镇平县曲屯镇花栗树村下侯家组和西峡县回车镇红石
桥村郭营组作为调查样本村。

11.2 农民期望务工距离及其选择动因

11.2.1 期望务工距离分布

期望务工距离的分布比较分散，但又相对集中。期望务工距离从本村（0千米）到2 100千米均有分布，其中主要集中于50千米以下和1 001~1 500千米两个区段，其次为1 501~2 000千米区段，三者合计占到总人数的92.01%。50千米以下区段主要为本县，之所以此段能成为农民期望务工地的首选（比例为56.6%），是因为该区段离家最近，移动后社会资源没有发生大的改变，既可以务工挣钱，又可以照顾家人，还可以从事农业生产，具有提高收入、缩减家务管理成本、保持亲情的综合效用，可最大限度地规避远距离移动带来的各种风险，是农民理性的重要表现。1 001~1 500千米区段为省城、北方城市及东部沿海城市，1 501~2 000千米区段为南方及东南地区城市。这两个区段比例较大的主要原因是这些城市制造业比较发达，在这些城市容易就业且收入较高。

期望务工距离的选择具有较大的惯性。期望务工距离的分布与实际务工距离（高更和、李小建，2008）相似，均具有"U"形特点（见图11-1）。一般地，往年在哪里务工，其期望务工地也多分布在哪里。据计算，实际务工距离分布和期望务工距离分布的相关系数为0.747，表明二者具有一定的关系。由于农民工获取务工信息的局限性（主要限制在高强度关系人之间）和高成本性（如果要获取除了高强度关系以外的信息，需要支付高时间成本和物理成本），只要对原工作岗位比较满意，一般情况下，农民工不会选择重新择业的策略，除非对原有工作岗位十分不满。

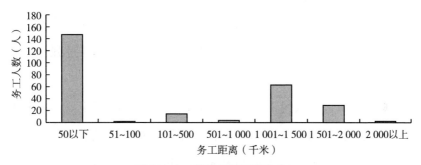

图 11 - 1　期望务工距离分布

但是，期望务工地选择在本地的人数远高于实际务工者。据样本统计，59.7%的被调查者希望在本地（100 千米内）务工，而实际在本地务工的人数比例为 39.9%，即大约 20%的被调查者如果在本地有工作岗位且收入合理的话，就不会到外地务工。与此相对应，期望在外地（100 千米以外）务工者的比例为 40.3%，而实际外地务工者的比例为 60.1%，即大约 20%的人不想到外地务工而实际上又到了外地务工。

11.2.2　期望务工距离选择动因分析

为什么有较多的人期望在本地而不是在外地务工呢？务工的主要目的是增加收入，在外地确实能获得比较高的收入，但同时在外地务工也确实给务工者带来许多不便和问题，如受歧视、拖欠工资、子女上学、社会保障、社会关系断缺、与家人分离、来往交通费用较高等。可以这样设想，如果本地能给务工者提供工作岗位，在收入稍低的情况下，农民还是会选择在本地务工的。以县城和中心镇为主体的城镇是我国就地转移劳动力向城市迁移的首选载体（陈欣欣、黄祖辉，2003），农民本地就业的行为是立足于家庭经济单位之上，综合了经济、社会多种因素的一种理性选择过程（陈顺玉，2005）。

据样本统计，农民期望务工地选择在本地的原因主要是能和家人在一起，其次为对自己今后发展有好处和对环境熟悉。50%的人期望在本地务工的原因为能和家人在一起。此外，多选项中，还有16%的人选择的答案包含有"能和家人在一起"，这样选择答案 C（含义参见表 11－1）的比例合计为66%，在 6 个备选答案中占绝对优势。这实际上基本解释了为什么有较多的人期望在本地务工。家庭是社会的"细胞"，家庭是家庭成员的"港湾"，家庭成员之间的亲情是人间最温馨的情感，家庭成员之间的关爱是家庭成员生存发展的最重要保证。家庭不仅具有满足其成员物质生活需求的显性价值（衣、食、住、行、乐），同时也具有满足情感需求和精神需求的隐性价值，以家为本的观念深入人心。选择答案"对自己今后发展有好处"的比例居第二位，单选项的比例为 12.5%，多选项中还有 5.6% 的比例，合计为 18.1%。在本地务工能够积累经验、扩展社会关系，对务工者本人今后能成为"小老板"有益。而在外地务工仅以单纯的经济收入为主。选择答案 E 的比例为 9.4%，另外，多选答案中还有 7.0% 选择 E，共 16.4% 的人选择"对那里的环境

熟悉"原因。选择答案 C、D 的比例为 5.9%，选择 D 的比例为
2.8%。总之，选择 C、D、E 答案的比例约在 80% 以上，这说明选
择本地的主要原因是血缘关系和社会网络。

表 11-1　　　　　　　　　期望务工地选择动因

本地			外地		
原因	例数	比重（%）	原因	例数	比例（%）
A	21	7.3	A	103	35.9
B	6	2.1	AB	34	11.7
C	145	50.2	AC	5	1.9
CD	17	5.9	B	101	35.0
CDE	6	2.1	C	11	3.9
CE	6	2.1	D	3	1.0
CEF	8	2.8	E	3	1.0
CF	8	2.8	F	28	9.6
D	8	2.8			
E	27	9.4			
F	36	12.5			
合计	288	100	合计	288	100

　　注：表中字母含义：A. 工资高，实际收入也高；B. 大城市生活丰富；C. 能和家人在
一起；D. 能和熟人在一起；E. 对那里环境熟悉；F. 对自己今后发展有好处。

　　期望务工地选择在外地的原因主要是工资收入高和大城市生活
丰富，此外，对今后发展有好处也是重要原因。选择 A 的比例为
35.9%，选择 B 的比例为 35%，此外多选项答案中也有选 A、B 答
案的。这说明到外地务工首要的因素是收入较高和大城市生活丰
富。选择答案 F 的比例相对较高，为 9.6%，说明外出务工者中也

有一部分是为了今后发展。这有多种可能，可能是丰富经历、积累经验，也可能是积蓄资金，为经商办厂进行资本积累。选择答案 C 的比例为 3.9%，主要是因为这部分务工者的家属或家人在外地务工，所以跟随其后，到外地务工。选择答案 D、E 极少，表明务工者在外地很少有社会关系。总之，到外地务工的主要原因是提高收入和享受大城市生活。

　　假设实际净收入和工作性质完全相同，则在外省、省城、南阳、县城（本县县城）和乡镇（本乡镇）4 种类型中选择县城和乡镇作为务工地点的比例最大。其中，选择外省的比例为 19.1%，选择省城的比例为 7.6%，选择南阳市的比例为 10.42%，而选择县城和乡镇的比例高达 62.9%，占绝对优势。被试者在回答选择县城和乡镇的成因时，绝大多数的陈述为离家近、方便、能和家人在一起、能照顾家人、能干农活，此外还有人认为实际净收入多、消费低、熟人多、办事方便等。在回答选择外省的原因时，主述为工资高、挣钱容易、增长见识，次述为想闯荡、锻炼自己、找女朋友等。选择省城郑州的理由主要是：收入高、生活丰富、熟悉、有发展前途、离家近又是大城市等，选择南阳市的主要原因是：工资较高、离家近、有熟人、熟悉、有关系等。由此可见，居住地对务工地的选择具有重要的意义。实际上，居住地的地缘引力已不自觉地、深深地影响着农民的迁移行为。

11.3　期望务工距离选择模型及影响因素

　　我们将期望务工距离分为本地（小于 100 千米）、外地（大于

100 千米）两类进行研究，因为因变量为二值分类变量，因此，采用二元逻辑回归模型进行分析。影响因子分为个人、家庭、社区三大类 12 个指标（高更和等，2007）。限于篇幅，我们只给出了最终模型的各种参数（见表 11 - 2）。

表 11 - 2　　　　期望务工距离的二元逻辑回归模型参数

因素	因子	系数	标准误	Wald 值	自由度	显著性水平
个人因素	常数项	2.7171	2.0391	1.7756	1	0.1827
	性别	0.5272	0.3608	2.1345	1	0.1440
	年龄	- 0.0372	0.0207	3.2285	1	0.0724
	学历	0.1351	0.0713	3.5924	1	0.0580
	婚姻状况	- 0.5353	0.4283	1.5623	1	0.2113
家庭因素	家庭人口	- 0.4593	0.2590	3.1433	1	0.0762
	劳动力数	0.2900	0.2040	2.0217	1	0.1551
	家庭类型	0.2595	0.4750	0.2984	1	0.5849
	家庭生命周期	0.4410	0.2778	2.5204	1	0.1124
	人均耕地	0.1922	0.3549	0.2932	1	0.5882
	家庭代数	- 0.0252	0.4762	0.0028	1	0.9578
	上学人数	- 0.2336	0.2777	0.7076	1	0.4002
社区因素	村经济发展水平	- 0.0003	0.0001	6.9276	1	0.0085
	村地形	- 0.9449	0.5022	3.5411	1	0.0599

注：①因变量：本地为 0，外地为 1。②模型综合检验显著性水平：0.000。③Nagelkerke R^2：0.776。

模型中，年龄、学历、家庭人口、村经济发展水平、村地形等 5 个因子达到了显著水平。年龄对期望务工地选择具有显著性影响，系数为负，表明年龄越大选择在本地务工的概率越大，年龄越小，选择在外地务工的概率越大。其原因主要是年龄较大者家庭负担较重，同时体力下降，不愿再到外面闯荡，而年龄较小者则顾虑较小，希望在外面能取得较高的收入。学历因子为显著性因子，系数的符号为正，说明较高学历者期望到外地务工的概率较大，而学历较低者期望在本地的概率较大。其原因可能与高学历者人力资本较大，较易在外地找到工作，距离成本和心理成本较小有关。家庭人口因子达到了显著性水平，且符号为负，说明人口较多家庭期望在本地务工的概率较大，在外地较小。其原因主要是人口较多家庭，被抚养人口较多，为了能就近照顾这些被抚养人口，务工者往往选择在本地务工。村经济发展水平因子达到显著水平，系数为负，说明经济较发达村中的农民期望在本地务工的概率较大。经济较发达村，农民往往能容易地在当地找到工作，因而往往选择在当地务工，尽管收入不高，但是没有迁移风险，同时还可兼顾家庭的农业生产。村地形因子达到了显著水平，而且系数绝对值较大，说明地形崎岖的地区的农民期望在本地务工的概率较大，但本地却没有务工的机会，因此，实际上只有去外地务工（高更和、李小建，2008）。可以认为，去外地务工是一种背叛理想的选择，是一种没有办法的选择。

11.4　结论与政策含义

期望务工距离反映了农民务工地决策中的距离选择偏好，对其研究有助于在微观层面了解农民工流动的倾向和规律。通过对河南省南阳市 3 个不同类型样本村的实证研究，可得到以下结论。

期望务工距离分布分散，但又相对集中。集中地点主要为当地 50 千米以内地区和 1 000 ~ 2 000 千米之间的制造业发达的大城市，具有和实际务工地分布相似的"U"形规律（高更和、李小建，2008），期望务工地的选择具有一定的惯性，由于农民获取信息的局限性和规避迁移风险，一般情况下，农民不会选择重新择业和迁移。农民更期望在本地务工，多数的务工者（60%）期望在本地务工，但有 20% 的务工者无奈地、实际选择了在外地务工。因此，从长远看，发展县域经济和加速农区发展意义重大。务工者选择在本地务工的主要原因是维护亲情和利用原有的社会资源，选择在外地的主要理由是提高收入和大城市生活丰富。

在期望务工距离选择模型中，年龄、学历、家庭人口、经济发展水平、地形等因子达到了显著水平。年龄较大者、学历较低者、家庭人口较多者期望在本地务工的概率较大，经济较发达村和地形起伏度较大村的务工者，期望在本地务工的概率较大，反之亦然。在期望务工地选择中，削减家务管理成本和规避移动风险具有核心作用，而务工者的人力资本状况则起基础作用。提升务工者的人力资本、发展农区社会保障事业和降低迁移风险对劳动力合理流动具有重要影响。

本章研究以中部典型农区为研究样本，揭示出农民期望务工距离及影响因素的一般规律，所得结论具有一定的普遍性，但能否运用于更大范围和其他地区，还有待于进一步研究。

参 考 文 献

[1] 编辑部. 可持续发展信息与动态 [J]. 中国人口·资源与环境, 2006 (6): 168.

[2] 蔡昉. 转轨时期中国劳动力迁移的区域特征 [J]. 当代亚太, 1998 (7): 19 – 23.

[3] 陈顺玉. 农民工本地就业的理性分析 [J]. 江西社会科学, 2005 (2): 24 – 27.

[4] 陈欣欣, 黄祖辉. 经济发达地区就地转移劳动力向城市迁移的影响因素分析——基于浙江省农户意愿的调查分析 [J]. 中国农村经济, 2003 (5): 33 – 38.

[5] 段成荣. 省际人口迁移迁入地选择的影响因素分析 [J]. 人口研究, 2001, 25 (1): 56 – 61.

[6] 高更和, 李小建. 中部农区农户打工距离研究 [J]. 人文地理, 2008, 23 (6): 66 – 70.

[7] 高更和, 梁亚红, 李小建. 中部农区农户打工地城镇规模类型研究——以河南省三个样本村为例 [J]. 经济地理, 2007 (6): 922 – 926.

[8] 马九杰, 孟凡友. 城市农民工第二市场择业——关于深圳市的个案剖析 [J]. 开放时代, 2003 (4): 106 – 113.

[9] 马九杰, 孟凡友. 农民工迁移非持久性的影响因素分析——基于深圳市的实证研究 [J]. 改革, 2003 (4): 77 – 86.

[10] 赵荣, 王恩涌, 张小林, 等. 人文地理学 [M]. 北京: 高等教育出版社, 2007: 90 – 91.

［11］ Hamermesh D S，Rees A. The Economics of Work and Pay ［M］. New York：Harper Collins College Publishers，1993：58 – 67.

［12］ Liang Z，Michael J W. Market transition，government policies，and interprovincial migration in China：1983 – 1988 ［J］. Economic Development and Cultural Change，1997（7）：321 – 139.

［13］ Poston D L Jr，Michael X M. Interprovincial migration in China，1985 – 1990 ［J］. Research in Rural Sociology and Development，1998（7）：227 – 250.

第三篇　专业村形成
历程研究

乡村振兴和新农村建设的关键是提高农民收入。如何提高农民收入，可以说是"三农"问题中的难题。因为我国人多地少的客观现实，要依靠土地增加农民收入挑战很大，不过发展专业村可能是一条可行的道路。专业村是在村庄级别的空间尺度上，多数人从事相似或相近的产业而形成的产业集群，这些集群的生产内容可以是高效农业，也可以是工业，还可以是第三产业。专业村的发展在特定地域内大幅度增加了农民的收入，解决了农民的就业问题，对农区发展意义重大。以下是作者基于入户调查数据，从微观角度对专业村形成进行的研究。

第 12 章

专业村形成历程及影响因素研究

统筹城乡经济社会发展，建设现代农业，发展农村经济，增加农民收入是全面建成小康社会的重大任务。在快速工业化和城市化的进程中，增加农民收入面临着许多挑战，而专业村的发展则较好地解决了这个问题。到 2006 年底，全国专业村已达到 41 293 个，从业农户 1 870. 58 万户，从业农户人均纯收入达到 4 560 元，比全国农民人均收入高出 27%（李亚玲，2007），专业村建设已成为提升农村经济核心竞争力的重要途径。专业村是社会化大分工中所形成的一个个相互关联的行业或专业的连接点，村子内部大部分村民从事某种相同或相似的经济活动（陈建胜，2007）。一些研究认为，创业家在农村产业集群成长过程中发挥着关键的作用，是产业集群从低级向高级演进的最根本的动力因子（郑风田、程郁，2006），政府在促成农业产业集群形成中，具有重要地位（兰肇华，2006）。此外，多数的研究主要是对具体区域专业村或具体专业村发展现状、问题、经验和对策的调查或工作总结（陈永贵等，2007；陈永良、石一飞，1996），还有学者对专业村的整合（陈建胜、王小章，2006）等问题进行了研究，但对专业村形成过程和影响因素的理论研究较少，而此类研究是认识专业村形成机制的重要方面，对促进专业村的发展具有重要的理论意义和实践意义。

专业村实质上是村域尺度上的产业集群，是农区经济均匀空间中的凸起。著名经济地理学家马库森（Markusen）认为，在光滑的经济空间中存在着一些黏着点，它们对资本和劳动力保持着强烈的吸引力（Markusen，1996）。专业村可以被看作这些黏着点，它们与光滑的、缺乏创新和投资收益的地方有明显区别。但到目前为止，较少有成果考察这些黏着点的形成机制。我们认为，专业村是在农户趋利、存在消费需求的前提下，由地理环境、能人、政府行为和农户特征等多因素综合作用的结果。专业村的形成是较多农户接受专业项目的结果，而专业项目的扩散，符合一般的"创新"传播规律。以下基于河南省南阳市 3 个样本专业村 121 户专业农户的调查问卷和访谈数据，对这些假设进行验证。

12.1 样本选择与样本概况

豫西南地区是河南省较为落后的地区，农业经济占较大比例，地形中山区面积比例较大，平原面积较小，此外还有一定面积的丘陵。根据典型性原则和分类代表性原则，考虑到调研的可操作性，在豫西南选择了 3 类 3 个专业村作为研究样本，分别为南阳市邓州市赵集镇东孔村（平原）、南阳市西峡县田关乡孙沟村（低山丘陵）、南阳市西峡县双龙镇化山村（山区），相应的专业项目分别为蔬菜大棚、果树、家庭宾馆。

村内样本农户的选择是按照随机原则进行的。考虑到调研的可行性，将专业村所有在家专业农户（调查时段在家）列表编号，从中随机抽取 40 户左右的农户作为调查样本。本次调研（2009 年 5 月）共获取有效问卷 121 份，除化山村为 41 份问卷外，其余 2 个村均为 40 份问卷（见表 12 - 1）。

表 12 - 1　　　　　　　　样本农户概况

样本村	农户平均规模（人）	平均劳动力数（人）	农户平均耕地（公顷）	平均每户从事专业项目的人数（人）
东孔村	4.20	2.70	0.31	2.90
孙沟村	3.58	2.43	0.45	1.90
化山村	3.80	2.39	0.03	2.39
总计	3.74	2.43	0.22	1.86

东孔村位于邓州市西北 25 千米处，属平原地区，人口 3 300 人，750 户，2008 年全村发展蔬菜大棚 110 个，拥有温室 33 座，年产蔬菜 250 万千克，人均纯收入 2 700 元。孙沟村位于西峡县东南部的低山丘陵区，耕地 72 公顷，山坡 2 067 公顷，人口 701 人，175 户，2001 年以前是省定贫困村，现已建成 2 000 公顷优质林果基地，2008 年鲜果产量达 750 万千克，人均纯收入 3 980 元。化山村位于西峡县北部，处于伏牛山区，为典型的深山村，全村 227 户，人口 861 人，平均海拔 500 米，现有农家宾馆 70 余家，日接待能力 3 000 多人，2008 年人均纯收入达 6 000 元。

12.2　专业项目发展对农户收入的影响

专业村专业项目的发展对农户收入的提高具有极其重要的影响。从事专业项目后，农户收入较原来有大幅度提高。据调查统计，全部样本村所有样本户人均收入由从事专业项目以前的 2 979 元提高到以后的 12 937 元，增加 9 958 元，增长了 334%；户均收入由原来的 11 137 元增加到 48 373 元，增加 37 236 元，增长了 334%。各个样本村虽然增加幅度不同，但增加幅度都比较大，东孔村、孙沟村、化山村人均收入分别增长 275.24%、408.03%、247.71%。2008 年全部样本户的专业项目人均收入为 9 084 元，户均为 33 965 元，其中，东孔村人均收入和户均收入分别为 8 435 元、33 965 元；孙沟村分别为 6 682 元、23 888 元；化山村分别为 13 609 元、51 780 元（见表 12 - 2）。总的来看，从事专业项目的收入在农户收入提高中所占比重均较大，其贡献率平均在 90% 以上。由此可以看出，欲大范围、大幅度提高农户的收入，必须十分重视专业村发展。

表 12 - 2　　　　　　　　样本村从事专业项目前后收入对比　　　　　　单位：元

分类	3 村合计		东孔村		孙沟村		化山村	
	之前	之后	之前	之后	之前	之后	之前	之后
人均	2 979	12 937	2 767	10 383	1 892	9 612	5 173	17 987
户均	11 137	48 373	11 623	43 608	6 763	34 363	19 683	68 439

注：之前指从事专业项目以前的最近年份，之后指从事专业项目以后的 2008 年。

随着工业化进程的加快，农业的比较优势在逐步较低，单纯以种植传统粮食作物的村和农户，其收入在各种惠农政策和农业补贴政策的背景下，虽有所提高但增长幅度十分有限，农户收入的增加只能在传统粮食作物以外寻求增长点，除了外出务工和从事各种服务业外，就地发展专业村和专业项目应该说是一种比较理想的选择，它既可以避免外出务工带来的各种风险和社会关系中断，又可以避免外出务工只能在少数人中进行的情形，发展专业村是大范围提高农户收入的重要途径。

12.3 专业村形成历程

专业村的形成是在充分利用当地自然资源、社会资源的基础上，在核心引导力的作用下，由众多农户发展相同或相似的专业项目，在其达到一定规模水平之后形成的。

所调查的 3 个样本村，作为专业村其形成历史并不长。其中，东孔村只有 8 年的历史，孙沟村为 9 年，化山村为 11 年。它们均形成于改革开放以后。在社会主义市场经济体制下，农户作为独立经济实体，对最大经济收益的追求是专业村形成的基本前提。

从专业村的发端到形成，经历了"S"形的过程，这不仅表现专业农户的数量上，同时也表现在产值、利润等经济指标上。初期，只有很少甚至是极个别的农户从事专业项目，当其发展较好、收益较高时，会带动和引导部分农户参与，随着时间的推移，会有更多的农户参与到专业项目的发展之中，最终造成多数的农户成为专业项目的生产者，形成专业村。这基本上符合"创新传播"理论（可将在村内发展专业项目这种新生事物看作为创新），按照接受创新的阶段，可把参与者分为：创新者（传播者）、早期接受者、后期接受者。创新者为该项创新的"传染源"或"种子"，早期接受者是一些头脑灵活、具有一定经济基础的人，后期接受者为大众。也就是说，早期只有很少的传播者，之后接受该项目的农户增多，后期多数农户参与其中。

按照农户参与专业项目的年份，我们可绘制各专业村形成历程曲线，从这些曲线中，可以观察到"S"形发展轨迹的存在。东孔村大棚蔬菜的生产在2000年时只有2户，经过2年的发展，到2002年有5户农户参与进去，2003年有14户农户参与，2004年新增9户，之后参与农户数量下降，2005年为5户，2006年为5户，2007年直到调查时没有新增农户（见图12-1），具备条件的农户基本上都参与了进去，潜在的专业户基本上都发展成了实际的专业户。后期新增农户很少或没有的原因，还与资源限制有关，在该村能集中起来发展大棚蔬菜的耕地已所剩无几，因此，即使要从事专业项目也无土地资源支持。这有可能导致该专业项目在邻村的扩散。

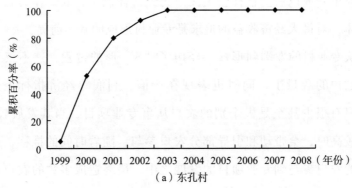

（a）东孔村

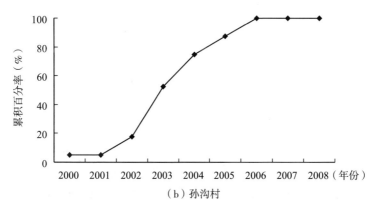

（b）孙沟村

图 12-1　东孔村和孙沟村专业农户数量累积百分率曲线

　　孙沟村和化山村的情况与此类似，但曲线形状各异，历史长短也不同。孙沟村形成的历史较短，在政府的推动下，发展速度很快，1999 年只有 2 户农户从事果树生产，而 2000 年新增 19 户，2001 年新增 11 户，累积百分比已达 80%，之后增长幅度变慢，2002 年新增 5 户，2003 年新增 3 户，2004 年至今没有新增农户（见图 12-1）。化山村主要是由于市场的推动，再加上家庭宾馆初期投资较大，因此发展速度比较平缓，1997 年只有 1 户专业户，1998 年新增 1 户，2000 年新增 3 户，2001 年新增 2 户。2002 年后进入高速扩张阶段，同年新增 6 户，次年新增 8 户，2004 年新增 6户，2005 年新增 9 户，达到历史最高，之后有所下降，2006 年新增5 户，2007 年至今没有新增农户（见图 12-2）。该村具备开办家庭宾馆的农户基本上都转化为了专业户，达到饱和状态。由此可以看出，政府推动型和市场运作型的专业农户发展趋势有所不同，前者往往导致较高的发展速度，因而在短时间内即可形成专业村，曲线较陡；而后者则表现为平稳增加，曲线先缓后陡。

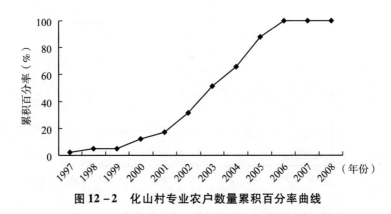

图 12 - 2 化山村专业农户数量累积百分率曲线

通过对专业农户发展数量随时间（年份）的变化的模拟，可得到各专业村专业农户数量（y）随年份（x）推移的"S"形曲线变化规律，方程如下。

东孔村：

$$y = e^{5.7942 - 10.2087/x}$$

$R^2 = 0.9758$，$F = 322.4833$，$Sig. = 0.0000$。

孙沟村：

$$y = e^{7.0908 - 11.4551/x}$$

$R^2 = 0.9844$，$F = 251.8827$，$Sig. = 0.0000$。

化山村：

$$y = e^{5.27 - 9.8431/x}$$

$R^2 = 0.9850$，$F = 526.8326$，$Sig. = 0.0000$。

总之，专业农户扩散服从"S"形曲线规律。早期只有少数农户从事专业生产，随着时间的推移，可出现较多的模仿者，之后模仿数量会减少，最终趋于饱和，稳定在一个较高的水平上，这与创新扩散的基本特征一致（Rogers，1995）。

12.4　专业农户扩散方式

为了分析专业农户的扩散方式，我们设计了"当时为什么会想到从事该项目"一题。从调查结果来看，主要是模仿、村里统一规划两种方式，创新只发生在少数人身上。不同的专业村专业农户的扩散方式不同。

专业农户扩散的前提是收入最大化。作为独立的经济实体，在市场条件下农户具有自主决策和自主经营的条件。随着生活水平的提高，以及生活费用成本和家庭成员发展成本的增加，农户对收入有更多的渴望。进行专业项目经营是实现收入最大化的重要途径，这种决策可能来源于传统农业的低收入化，也可能来源于对长期在外打工生活的厌倦或者随年龄增长而出现的体质下降，也可能来源于对家庭成员的关照等。这些因素均可能导致农户立足本村进行经营活动，而要在本村经营，来自于其他农户的专业项目信息对其有极大的影响力，若具备条件又感到比较合算，他们往往会接受这种专业项目的扩散。

模仿是一种有效的接受专业项目扩散的方式。农民是最典型的风险厌恶者，由于收入较低且信息不发达，他们不愿冒任何风险，因为任何风险都可能导致他们生活陷入贫困，他们是"赢得起"，而"输不起"，因而他们最"实际"，任何的说教都不能动摇他们，除非他们直接观察所得。农民只能依赖传统血缘关系和地缘关系建立起来的信任体系（高更和等，2008）去调整自己的经济行为。当村内或当地出现成功的专业农户后，他们才可能改变原来固有的想法，而接受这种新生事物。"榜样的力量是无穷的"，榜样的示范作用具有很大的感染力和鼓动力，他们能够做的和应该做的就是模仿。一项创新和已被接受的观点越接近，这种创新被采用的可能性就越大（Tarde，1903）。据调查，东孔村的蔬菜大棚生产，除张文杰外，其余均为模仿者。化山家庭宾馆专业村除了早期个别几户外，其余均是看到开办家庭宾馆取得的丰厚收益后，自己才主动发展专业项目。

规划作为外部力量，有时对农户的经济行为具有重要作用。政府的经济管理职能，常常使政府在当地农村经济发展中处于重要地位，尤其是对于贫困村，政府发展当地经济还具有政治意义。结合贫困村的情况，政府往往制定符合当地条件的发展规划，并配以相应的支持条件和保障系统。这种外部力量一旦和当地自发的发展经济的力量相协调，往往会产生很大的合力，使当地按照规划的方向进行发展。其结果是在较短的时间内导致大量专业农户的出现，形成专业村。有时政府的强制力，会导致所有的农户不管是自愿还是被动都被卷入专业项目的生产之中。有时，由于农户的不同家庭特征，这种"一刀切"的方式可能会造成个别农户的不满。政府应当通过经济手段，引导农户进行专业项目的生产。孙沟果树专业村的形成就是乡、村政府规划的结果，在较短的时间内，几乎所有的农户都参与进了水果生产当中。在问及"当时为什么会想到从事该项目"时，绝大多数农户的回答是"政府的规划"。

创新虽只发源少数人，但其示范作用却很大。具有创新能力的能人是那些头脑灵活、财商较高的人，这些人往往会根据自身条件

和周围环境探索和选择适合当地的专业项目并进行发展，一旦发展
成功，将会为其他农户提供榜样和示范。能人还具有较强的社会活
动能力，能从政府或其他实体中获得经济资源，因此，能人对专业
村的形成和发展具有重要意义。

12.5　专业村形成影响因素分析

专业村的形成是多种因素综合作用的产物，其中，地理环境、
能人、政府行为和农户特征具有重要作用。

12.5.1　地理环境因素

对于农区而言，其发展水平较低，因而大多数情况下专业村的
形成深受地理环境的影响，尤其是自然资源和区位的影响。自然资
源是经济发展的基础，样本专业村的发展无一不是利用自然资源的
结果。东孔蔬菜大棚专业村的形成与当地适合种植蔬菜的土地有
关，此外适宜的水质和灌溉条件也是促成该村发展大棚蔬菜的重要
保证。孙沟果树专业村的形成更是与其丰富的土地资源和适宜的气
候有关，该村地处丘陵和低山地区，土地资源丰富，尽管初期果树
种植条件较差（有些地方土地瘠薄），但是在人工影响下（村委组
织挖树坑并从外村运土以保证果树生产的土壤条件），该问题得到
合理解决。该村属于暖温带季风气候，比较适宜发展果树生产。化
山家庭宾馆专业村的形成与该村附近龙潭沟旅游景点的开发有关，

景点开发后一些游客需要就近住宿或一些游客需要度假，导致家庭宾馆的发展。总之，在经济发展水平较低的情况下，地理环境往往起重要作用。

12.5.2　能人因素

能人在专业村发展中具有关键核心作用。地理环境只是提供了经济发展的可能和基础，而要把这种可能变成现实，能人具有主导作用，这可以解释相似的地理环境下为什么有的村庄发展成了专业村而另外的村庄却没有。由于专业项目的发展需要一定的前期投入、技术、信息和管理经验，因而一般的农户没有能力也不愿冒此风险进行创新，这种创新只可能发生在极个别的能人身上。而这种创新一旦形成，其具备的示范效应将形成众多的模仿者，因而专业村形成的关键是具有创新能力的"能人"。东孔蔬菜大棚专业村的形成与村民张文杰密切相关。1996 年，张文杰在新乡打工，学习了一套蔬菜大棚生产技术，回乡后，在自家的耕地上种植无公害大棚蔬菜，并摸索出销售蔬菜的方法，亩收益达到 1.5 万元。此后一些村民开始向张文杰学习蔬菜技术，而张文杰又非常乐意帮助这些贫穷的村民，不但传授技术，而且无偿提供一些生产资料，从而使一些农户也成为蔬菜生产大户，后来有更多的农户参与进来。当地的镇信用社看到蔬菜大棚的生产前景后，在该村发放了 600 万元的贷款，从而促使专业农户越来越多。孙沟村果树专业村的形成则与现任村支书马景龙有关。马景龙原来从事水果生意，对市场行情有所了解，被推选为村支书以后，决定依托当地资源发展果树生产，后来在县政府的扶贫工作中，该村成为重点扶贫村，由于相关政策的支持，相继修建大小蓄水泵房 4 个，修建沙土路 40 千米，架通高压电线 20 千米，从而推动了该专业村的形成。化山家庭宾馆专业村的形成与现任村支书符合顺密切相关。化山村地处山区，人均耕地0.0267 公顷，过去十分贫困，村支书符合顺利用南阳市扶贫工作队进村扶贫的机会，由南阳中医药学校（扶贫队成员对口单位）捐赠2 万元对龙潭沟进行了初步开发，后由河南龙成集团租赁该景点 50年的经营权。景点开发后，游人增多，为解决游人的住宿问题，符合顺和其他村干部动员部分农户率先发展家庭宾馆并取得的较好的收益，此后，家庭宾馆逐渐增多。

12.5.3　政府行为因素

政府行为对专业村的形成具有重要的推动作用，有时甚至起决定性作用。农区各级政府的重要职能之一就是发展农村经济，尤其要解决贫困村农民的收入问题，县、乡（镇）政府的有作为对专业村的形成具有一定的影响。首先，政府注重发现和利用能人，以此带动专业村的形成。其次，政府给予专业村以资金支持，例如，政府给予孙沟村大量的扶贫开发项目支持，用于果树生产的基础设施建设；南阳市扶贫工作队给予化山村以旅游景点开发的初期投入等。最后，政府往往组织农技部门和专业人员给予专业村以技术支持。根据政府力量在专业村形成中的作用，我们至少可以将专业村的形成分为三类：政府主导型、政府参与型和市场型。其中，政府主导型基本上是在政府的主导力量作用下形成的专业村，如孙沟村。市场型是完全依靠市场运作而形成的专业村，如东孔村，尽管在形成过程中，农村信用社给予该村农户 600 万元的贷款，但这些贷款基本上是银行的商业行为。介于上述二者之间的是政府参与型，其中政府对专业村的形成具有推动作用。

12.5.4　农户特征因素

专业村的形成实质上是农户参与专业项目的过程，由于不同农户的不同特征，对专业项目这种创新扩散具有不同的反应，其主要表现为是否发展专业项目和发展专业项目的时间早晚。据调查，村子中除了个别发展其他项目的农户外，发展规模化专业项目的农户或较早发展的农户往往具有以下特征：有劳动力且比较勤奋；头脑较灵活，是农户家庭的"顶梁柱"；具有较好的经济基础。没有发展专业项目的农户往往具有这些特征：无必要的劳动力；不勤奋；过于贫困，缺乏必要的初期资金；智障人士。据统计，农户开始从事专业项目时家庭顶梁柱的年龄平均为 37.35 岁，主要以 31~40 岁年龄段为主，占 42.98%，其次为 41~50 岁和 21~30 岁年龄段，分别占 23.14% 和 22.31%，合计则占到 88.43%，50 岁以上仅占 11.57%。从事专业项目农户的平均人口规模为 3.86 人，劳动力数为 2.51 人，打工人数较少，平均为 0.44 人。

12.6　结论与政策含义

专业村发展对于大范围提高农户收入具有重要作用，专业项目收入在农民总收入中的贡献率较高，在农区发展中，可将建设专业村作为重要途径。

专业村是在利用当地资源的基础上，在能人的带动下逐渐发展形成的，其发展历程服从"S"形曲线创新传播规律。其中，资源等地理环境因素起基础作用，初期接受者或能人在发展过程中起核心作用，政府行为可加快其发展过程，农户尤其是家庭中的"顶梁柱"的财商对农户专业项目的发展及其时间早晚具有重要影响，多数农户对专业项目的接受是通过模仿方式实现的，因此政府工作的重点应放在能人的发现和培育上。

该研究以豫西南3个不同类型专业村为研究样本，揭示出专业村发展历程和影响因素的一般规律，所得结论具有一定的普遍性，但能否运用于更大范围和其他地区，还有待于进一步研究。

参 考 文 献

［1］陈建胜，王小章. 专业村的整合困境——以浙江绍兴嵊州W村为例［J］. 华东师范大学学报（哲学社会科学版），2006（4）：35－42.

［2］陈建胜. 分工·市场·合作——基于浙江专业村发展路径研究［J］. 中外企业家，2007（12）：89－91.

［3］陈永贵，陈义三，肖天放. 发展"一村一品"与现代农业建设——福建彭林蜜柚专业村的调查与思考［J］. 现代农业科技，2007（14）：230－232.

［4］陈永良，石一飞. 南通市专业村调查和启示［J］. 中国农业资源与区划，1996（3）：32－36.

[5] 高更和，陈淑兰，李小建. 中部农区农户打工簇研究——以河南省三个样本村为例 [J]. 经济地理，2008，28（2）：313 - 317.

[6] 全面建设小康社会开创中国特色社会主义事业新局面——在中国共产党第十六次全国代表大会上的报告 [EB/OL].（2002 - 11 - 17）[2011 - 01 - 06]. http：//www. cctv. com/news/china/20021117/100187_1. shtml.

[7] 兰肇华. 政府在农业产业集群中的作用 [J]. 宏观经济管理，2006（4）：49 - 50.

[8] 李亚玲. 农业部每年推 150 个一村一品示范村——2006 年底一村一品专业村已达 4 万多个 [N]. 农民日报，2007 - 09 - 28.

[9] 郑风田，程郁. 创业家与我国农村产业集群的形成与演进机理——基于云南斗南花卉个案的实证分析 [J]. 中国软科学，2006（1）：100 - 107.

[10] Markusen A. A typology of industrial district [J]. Economic Geography，1996，72（3）：293 - 313.

[11] Rogers E M. Diffusion of Innovations（4th edition）[M]. New York：The Free Press，1995：95 - 99.

[12] Tarde G. The Laws of Imitation [M]. New York：Henry Holt and Company，1903：173 - 174.

第四篇　公众可持续发展
　　　　参与研究

1992 年，联合国环境与发展大会在巴西里约热内卢召开，会议通过了《21 世纪议程》文件。该文件是全球范围内的可持续发展行动计划，是 21 世纪的行动蓝图。1994 年，《中国 21 世纪议程》经国务院第十六次常务会议审议通过。《中国 21 世纪议程》是我国可持续发展的行动计划的纲领性文件。可持续发展战略的实施，离不开公众的参与。以下是作者在当时对公众参与方面的研究成果。

第 13 章

公众可持续发展基本
意识调查与分析

可持续发展战略的实施，不仅需要政府的推动，更需要公众的广泛参与。要实现可持续发展的目标，必须依靠公众的支持和参与（中国21世纪议程，1994）。具备可持续发展的意识，是参与行为的前提。"价值观念是走向持续发展社会的关键，不仅因为他们能影响人们的行为，而且因为他们能决定社会发展重点，从而决定社会的生存能力"（布朗，1984）。

20世纪90年代以后，国内相关的研究主要集中在可持续发展意识的理性分析和环境意识的调查、评价方面，对可持续发展意识的定量实证分析则较少（周志中，1996；马天芳，2003；祁巍锋，2000；辛金元等，2001；吴上进、张蕾，2004；孙立波，2003）。在理性分析方面，主要侧重于可持续发展意识的概念、层次及实施途径的一般描述性研究。对可持续发展意识的调查研究主要集中在现状分析，而缺乏对不同人群可持续发展意识的量化研究（李耀新，1998）。环境意识调查主要以城市居民和学生调查为主，而对农村居民则较少。多数调查结果显示，城市居民环境意识与调查对象的年龄、职业、文化程度、经济收入等因素存在重要的关系（李如忠等，2003），但在地区分布上则不存在显著差异（洪大用，1998）。

可持续发展意识可分为基本意识和非基本意识，基本意识是从公众日常生活出发对可持续发展的基本理解，是关于可持续发展最基本的知识、观念和态度（高更和、李小建，2005）。非基本意识是对可持续发展深层次的理解与态度。对于公众而言，基本意识更为重要。本章将以南阳市（地方 21 世纪议程试点）为例，基于7 765份调查问卷，对公众可持续发展基本意识进行评价和分析，为制定促进公众参与地方 21 世纪议程政策和措施提供参考。

13.1　数据来源与处理

13.1.1　数据来源

2004 年 7～9 月，在南阳市 21 世纪议程管理办公室的协助下，在瑞典 LIFE Academy 国际生态基金的协助下，我们开展了较大范围的问卷调查。

问卷调查分网络调查和调查员实地调查两种形式进行。网络调查是将调查问卷发布在南阳信息港（http：//www. nyinfo. ha. cn，南阳市最大的公众信息网站）上，以有奖问答形式进行。利用数据库技术将答案直接转化成数据库文件（MDB 文件）。此次网络问卷调查共有 12 634 人点击浏览，实际答题者 4 524 人，有效问卷 3 977 份。

实地调查是由经过培训的调查员到实地进行问卷调查，调查员深入到农村、社区、城镇等社会各层面，发放问卷，由被调查人填写，然后回收。调查员在南阳师范学院青年志愿者中挑选，共 97 人，调查共回收有效问卷 3 788 份。大额的调查样本保证了调查结果的客观性和真实性。

13.1.2 数据处理

调查问卷回收后，进行甄别，去除无效问卷，对有效问卷进行编号，将纸质问卷答案数据输入 Excel 2000 中，与南阳信息港调查数据合并后，形成基本数据，然后用 SPSS11.5 进行统计分析。利用 SPSS11.5 中的 Summarize 模块统计被试者基本情况及各题目各答案的百分比，利用 Compare Means 模块和 GLM 模块分析各要素与性别、年龄、城乡、收入、职业等的显著性关系。

调查内容主要针对可持续发展基本意识设计，核心问题 11 个，另配有一定数量的评估题目。这些题目主要依据可持续发展的基本原理，从公众生活角度出发设计，主要包括概念认知、概念理解、参与意识、代际意识、协调意识、资源有限意识与节约意识、绿色消费意识等内容。

13.1.3 评估值的计算

根据原始问卷各答案的含义，将其赋值为 3、1、0，若该指标只有一个题目，则赋值即为该指标的单要素评估值（y）。若某个指标包含 2 个以上题目，则 y 为：

$$y = \frac{1}{m} \sum_{i=1}^{m} x_i \qquad\qquad (13-1)$$

式中，x_i 为第 i 个题目该指标的赋值，m 为题目数。

某类人群的综合评估值（M）为：

$$M = \frac{1}{p} \sum_{k=1}^{p} \sum_{j=1}^{n} y_j \qquad\qquad (13-2)$$

式中，y_j 为 j 要素指标的评估值，n 为指标数，p 为该人群人数。

某要素的综合评估值（N）为：

$$N = \frac{1}{q} \sum_{l=1}^{q} y_{jl} \qquad\qquad (13-3)$$

式中，y_{jl} 为第 l 个被调查者的 j 要素指标评估值，q 为被调查人数。

13.2　调查结果分析

13.2.1　被调查人基本情况

被调查者中，男性占 67.1%，女性占 32.9%，男性较多；农村占 29.8%，城镇占 70.2%，城镇较多。这主要由信息港调查者城镇男性较多造成。同样的原因造成地区分布上宛城区、卧龙区人数明显较多，唐河县由于是河南油田所在地，因而调查人数亦较多。从年龄看，平均年龄 29.2 岁，主要集中在 20~39 岁，占总调查人数的 70.51%。收入、职业、年龄和地区分布情况详见表 13-1 和表 13-2。总的来看，不同收入、不同职业、不同年龄段和不同地区的被试者广泛分布。

表 13-1　　　　　　　被试者收入、职业分布统计

年收入		职业		年龄	
项目	百分比（%）	项目	百分比（%）	项目	百分比（%）
1 000 元以下	38.1	城镇居民	0.3	10 岁以下	0.11
1 001~3 000 元	15.2	工人	19.4	10~19 岁	12.43
3 001~5 000 元	11.0	农民	11.9	20~29 岁	47.44
5 001~10 000 元	20.1	教师、医疗	14.8	30~39 岁	23.07
10 001~20 000 元	11.7	学生	22.7	40~49 岁	11.25
20 000 元以上	4.0	商业、服务业	10.3	50~59 岁	4.46
		公务员	9.8	60 岁以上	1.23
		其他	10.8		

表 13-2　　　　　　　被试者地区分布统计

县（市、区）	百分比（%）	县（市、区）	百分比（%）	县（市、区）	百分比（%）
宛城区	27.1	邓州市	4.2	唐河县	9.8
卧龙区	23.3	镇平县	5.0	桐柏县	3.4
淅川县	3.2	南召县	4.0	新野县	3.8
西峡县	3.1	方城县	3.7		
内乡县	4.4	社旗县	5.0		

13.2.2　各要素指标调查结果与分析

13.2.2.1　概念认知

作为中国地方 21 世纪议程试点城市，近 10 年来，南阳市充分

利用广播、电视、会议、标语等大众媒体进行了广泛的宣传教育，因而绝大多数人都听说过可持续发展这个概念。在回答"你是否听说过可持续发展这个概念"题目时，回答"是"的人数比例为92.3%，而回答"否"的人数仅占7.7%。

13.2.2.2 概念理解

可持续发展的实质是人口、资源、环境与经济社会的协调发展。在知道可持续发展概念的前提下，我们对公众对可持续发展的理解进行了进一步的调查。调查结果显示，有4.2%的被试者认为可持续发展是发展经济，9.1%的人认为可持续发展是发展经济兼顾环境保护，大多数人（86.6%）认为可持续发展是人口、资源、环境与经济社会的协调发展。总的来看，对可持续发展的理解存在较小分异，多数人有正确的可持续发展观，这主要得益于对可持续发展的广泛宣传和教育。但是，仍有少部分人对可持续发展有不同的理解，需要进一步加强宣传教育。

13.2.2.3 参与意识

在我国，可持续发展战略的实施采取的是"自上而下"的方式，响应中央政府的号召，实施地方可持续发展战略，是近些年来我国地方可持续发展的主要途径。这种方式给部分人的印象似乎是可持续发展是政府的事情，与公众没有多大的关系。而事实是可持续发展是全民的行动，如果没有了公众的参与，可持续发展则是一句空话。因此，公众参与教育是可持续发展宣传教育的重要内容。作为试点城市，南阳市一开始就加强了公众参与的教育，因此，公众参与意识较强。调查表明，95.3%的人认为可持续发展与自己有关，仅有4.7%的人认为与自己没有关系。这说明，绝大多数人都意识到了可持续发展对个人的影响，同时也意识到个人参与对可持续发展的重要意义。

13.2.2.4 代际意识

可持续发展的基本内容有两个：一个是可持续，另一个是发展。可持续问题的实质之一就是代际平等问题。当代人的生存发展不能以破坏后代人的需求能力为代价。在广泛流行的布氏可持续发展定义中，明确指出，可持续发展是指既满足当代人的需求，又不损害后代人满足需求能力的发展（世界环境与发展委员会，1997）。由此可见，代际意识是可持续发展的基本意识。调查表明，96.3%的人认为我们这代人应该考虑子孙后代的利益，仅有 3.7%的人持否定态度。这表明，绝大多数人具有正确的代际观念。

13.2.2.5 协调意识

可持续发展的实质是协调，协调包括人口、资源、环境、经济和社会等诸多要素，但是最重要的是环境与发展协调，可持续发展最初的领域即是来源于环发问题。因此，我们设计了从环境与发展的关系来考察人们的协调观念和意识。在回答"你认为经济发展对你重要还是环境对你重要"问题时，7%的人认为经济发展重要，15%的人认为环境保护重要，76.6%的人认为二者都重要，还有1.4%的人不清楚。可见，人们对于环境与发展的关系问题还存在着较大的分歧。这说明现实社会生活中发展与环境的尖锐矛盾，同时也表明要真正实施可持续发展仍然道路艰难而漫长。在个人访谈中，有不少人士指出，在现阶段，环境与发展的矛盾很难协调，要发展就要污染。这可能也是国际社会推行可持续发展战略 10 多年来进展不大的主要原因。

13.2.2.6　资源有限意识与节约意识

资源是人类社会发展的物质基础，对资源价值的认可和生活中对资源的节约是公众参与可持续发展的基本要求。传统社会的"资源低价、环境无价"的发展观，导致了资源的过分利用和环境的污染，因此，从可持续发展角度出发，必须树立科学的资源价值观的资源节约观。据调查，84.8%的人认为资源，如水、煤炭、石油、矿藏等不是无穷无尽的，但是有8.5%的人认为自然资源是无穷无尽的，还有6.7%的人对此问题不清楚。很明显，为数不少的人缺乏必要的资源知识。在回答"你家是否注意节水、节电?"问题时，84.8%的人答案是"是"，8.7%的人答案是"否"，6.4%的人答案是"不在意"。可见，一部分人还没有正确的资源观。值得关注的是，以上两个小题答案结果具有显著的正相关，84.8%认为资源是有限的人对应同等比例的在家注意节水、节电的人，8.5%持资源无穷观点的人对应了8.7%的不注意节水、节电的人，6.7%对资源有限认识模糊的人对应了6.4%不在意节水、节电的人。由此可以看出，不同的价值观点对不同行为的重要影响。

13.2.2.7　绿色消费意识

从公众参与可持续发展的实践来说，最重要的途径之一就是绿色消费。绿色消费可使公众手中的钞票变成企业环境保护的"选票"。绿色消费不仅能保护消费者本身的权益，而且能促进企业发展清洁生产，积极治理工业污染。在西方，绿色消费是可持续发展形成的重要社会基础。在我国，真正有效的绿色产品认证和市场准入制度，会对可持续发展战略的实施产生重要影响。随着我国人均GDP的提高，公众的绿色消费意识正在提高，其对可持续发展的影响正在逐渐增大。据调查，84.3%的人知道什么是绿色产品，但是有15.7%的人不知道什么是绿色产品。74.9%的人愿意为环境保护或个人健康方面的原因而购买（即使价格稍高）的绿色产品，但是有13.1%人不愿意购买（可能的原因是绿色产品的管理不严和价格因素），还有11.9%的人对此问题认识模糊。总的来看，多数人知道绿色产品并愿意购买绿色产品。但是愿意购买绿色产品的人数比例比知道绿色产品的人数比例低大约10个百分点，这可能意味着在增加消费成本时，消费者会对绿色消费打折扣。

13.2.3　整体评估

从表13-3可知，各要素的综合评估值较高，最高为代际意识，达96.29分，其次为参与意识，为95.29分。最低为绿色消费意识，为81.61分，次低为协调意识，为86.79分。这意味着，公众中的绝大多数意识到了我们这代人应该考虑后代人满足需要的能力，可持续发展与公众的日常生活密切相关，大多数人听说过可持续发展这个概念。相对而言，公众绿色消费意识和协调意识较低，对可持续发展概念的理解存在较小分歧。总之，南阳试点公众可持续发展基本意识综合评估值较高，平均为89.41分。

表13-3　南阳试点公众可持续发展基本意识各要素综合评估值

要素	要素综合评估值	百分制评估值
概念认知	2.7691	92.3033
概念理解	2.6911	89.7033
参与意识	2.8588	95.2933

要素	要素综合评估值	百分制评估值
代际意识	2.8886	96.2867
协调意识	2.5161	83.8700
资源价值意识	2.6036	86.7867
绿色消费意识	2.4484	81.6133
平均	2.68224	89.4081

早在1994年，南阳市即开始探索实施地方可持续发展战略，1996年《南阳21世纪议程》（我国第一部地方21世纪议程）已编制完成，同时，南阳市政府下发文件，要求各级各部门和全市人民共同参与，努力做好21世纪议程的实施工作。1997年，南阳市被原国家计委、国家科委确定为"中国21世纪议程地方试点城市"，同年成立以市长为组长的"南阳市21世纪议程领导小组"和"南阳市21世纪议程管理办公室"。此间和以后大范围、高强度的宣传教育和培训在很大程度上提高了决策层和公众对可持续发展的认识。伴随着地方21世纪议程优先项目的实施和可持续发展纳入地方国民经济建设与规划，可持续发展知识得到普及，因而南阳市公众可持续发展基本意识较高。

13.3　可持续发展基本意识的人群差异分析

可持续发展基本意识评估值的高低受到很多因素的影响，在本次调查中，我们设计了6个个人因素，以下将分析各因子的显著性水平。由于文化程度是公认的显著因子，故在此不做分析。

13.3.1 性别与可持续发展基本意识

多因素方差分析表明，可持续发展基本意识整体在性别之间存在较小差异，男性平均得分为89.75，女性为88.62，男性稍高，但未达到显著水平。

13.3.2 年龄与可持续发展基本意识

如表13-4所示，多因素方差分析表明，可持续发展基本意识在年龄方面存在显著差异。20~29岁组评估值最高，其次为30~39岁组，再次为19岁以下组。其余随年龄越大，评估值越低，呈现明显地随年龄增加而递减的现象。这与39岁组以下易接受新事物有关，年龄越大，接受新观念越慢。

表13-4 可持续发展基本意识评估值的年龄、职业和收入差异

年龄		职业		年纯收入	
项目	百分制评估值	项目	百分制评估值	项目	百分制评估值
19岁以下	88.3095	城镇居民	87.7848	1 000元以下	89.2952
20~29岁	91.1448	工人	90.5876	1 001~3 000元	85.7481
30~39岁	89.7800	农民	74.5352	3 001~5 000元	85.6076
40~49岁	86.4033	教师、医疗	94.9429	5 001~10 000元	91.9067
50~59岁	82.1733	学生	90.9210	10 001~20 000元	92.5662
60岁以上	79.8781	商业、服务业	89.5995	20 000元以上	92.8038
		公务员	94.3205		
		其他	88.6762		

13.3.3 职业与可持续发展基本意识

多因素方差分析表明，可持续发展基本意识在职业之间呈现显著差异。从表13-4中可看出，教师与医疗工作者统计值最高，其次为公务员，再次为学生，最低为农民，次低为城镇居民。教师、医疗工作者、公务员、学生文化素质较高，接受新事物较多，比较关注经济发展和社会变革，对可持续发展有比较清楚的认识。

13.3.4 行政区与可持续发展基本意识

如表13-5所示，多因素方差分析表明，可持续发展基本意识在行政区之间呈现显著差异。主要影响因素为人均GDP和可持续发展宣传教育力度。评估值较高者，如新野县、卧龙区、宛城区等，人均GDP较高，评估值较低者，如方城县、社旗县、邓州市等，人均GDP亦较低。但并不完全吻合，如桐柏县，人均GDP中等，但可持续发展意识评估值较高，这主要与可持续发展宣传教育有关，桐柏县较早制定并实施了"桐柏县可持续发展规划"，因而评估值较高。但是，可持续发展基本意识评估值与地形（山地、丘陵、平原）之间无因果联系。

表 13-5　　　可持续发展基本意识评估值的地区差异

县（区、市）	百分制评估值	县（区、市）	百分制评估值	县（区、市）	百分制评估值
宛城区	91.1781	邓州市	86.6429	唐河县	88.0305

县（区、市）	百分制评估值	县（区、市）	百分制评估值	县（区、市）	百分制评估值
卧龙区	92.1233	镇平县	89.4733	桐柏县	93.0138
淅川县	89.6424	南召县	86.8324	新野县	93.5781
西峡县	90.2510	方城县	84.8624		
内乡县	88.1824	社旗县	85.1095		

13.3.5　城乡与可持续发展基本意识

多因素方差分析表明，可持续发展基本意识在城乡之间呈显著差异。农村评估值为84.15，城镇为91.86，城镇显著高于农村。这与城镇发展水平较高、信息发达、人口素质较高等因素有关。

13.3.6　收入与可持续发展基本意识

多因素方差分析表明，可持续发展基本意识在各收入阶层之间呈显著差异。从表13-4可知，在总趋势上，收入较高者，可持续发展基本意识评估值较高。年收入在5 001元以上者，评估值随收入的提高而提高。然而收入在5 000元以下者，收入较低者反而评估值较高，可能的原因是低收入者更注意勤俭和节约。

13.4　结论与政策建议

可持续发展基本意识是公众参与可持续发展最基本的价值取向，

其对公众参与程度具有重要影响。通过研究，可以得出以下基本结论：

第一，公众可持续发展基本意识在年龄、职业、县（市、区）、城乡、收入等方面差异显著，但是在性别、地形方面差异不显著。在县（市、区）之间的显著差异主要与宣传教育和人均 GDP 有关。因此，在提高公众可持续发展意识方面，政府的公共政策除了强调宣传教育和提高文化素质外，还应关注城市化水平、公众收入水平、人均 GDP、职业等社会经济条件的影响，并关注不同群体的参与特点和差异。

第二，在不增加消费成本的情况下，公众可持续发展基本意识与公众可持续发展行为取向显著正相关，但是在增加消费成本的情况下，则行为取向滞后。因此，政府应关注通过降低消费成本或提高消费效用途径来引导公众的可持续发展行为取向。

第三，公众可持续发展基本意识评估值较高。南阳试点平均得分为 89.41（百分制），按城乡人口比重加权后仍较高，为 85.69。但是仍有少部分人缺乏最基本的可持续发展知识和观念。得分较高与南阳市被确定为国家地方 21 世纪议程试点后加强宣传教育和培训有很大关系。今后在提高公众的可持续发展意识方面，应采取差别化的宣传教育策略，注意解决这少部分人过分贫乏的可持续发展知识。

第四，提高公众的可持续发展意识是提高公众参与力度的前提，因此，要促进公众参与可持续发展必须提高公众的可持续发展意识，尤其是基本意识。

参 考 文 献

[1] 莱斯特·R. 布朗. 建设一个持续发展的社会 [M]. 祝友三等译. 北京: 科学技术文献出版社, 1984: 279.

[2] 高更和, 李小建. 区域可持续发展评估的公众参与视角——以地方 21 世纪议程南阳试点为例 [J]. 地理科学进展, 2005, 24 (5): 97 - 104.

[3] 洪大用. 公民环境意识的综合评判及抽样分析 [J]. 科技导报, 1998 (9): 13 - 16.

[4] 李如忠, 刘咏, 孙世群, 等. 公众环境意识调查及评价分析 [J]. 合肥工业大学学报 (社会科学版), 2003, 17 (4): 22 - 25.

[5] 李耀新. 上海市公众可持续发展意识的调查与分析 [J]. 中国人口·资源与环境, 1998, 8 (4): 81 - 84.

[6] 马天芳. 番禺居民环境意识现状分析及其对策 [J]. 番禺职业技术学院学报, 2003, 2 (2): 39 - 42.

[7] 祁巍锋. 城市市民环境意识调查与评价——以浙江杭州市为例 [J]. 规划师, 2000, 16 (3): 93 - 95.

[8] 世界环境与发展委员会. 我们共同的未来 [M]. 王之佳等译. 长春: 吉林人民出版社, 1997, 52.

[9] 孙立波. 关于可持续发展意识的几点思考 [J]. 中国人口·资源与环境, 2003, 13 (3): 122 - 124.

[10] 吴上进, 张蕾. 公众环境意识和参与环境保护现状的调查报告 [J]. 兰州学刊, 2004, 14 (3): 178 - 179.

[11] 辛金元, 袁九毅, 吕萍, 等. 甘肃省公众环境意识与感

受程度的调查与分析 [J]. 甘肃环境研究与监测，2001，14（3）：178 - 179.

　　[12] 中国 21 世纪议程：中国 21 世纪人口、环境与发展白皮书 [M]. 北京：中国环境科学出版社，1994：177.

　　[13] 周志中. 全民环境意识调查 [J]. 环境导报，1996（4）：29 - 31.

第 14 章

区域可持续发展评估的
公众参与视角

　　区域可持续发展是一个复杂的巨系统，对其运行状态的了解是科学决策和管理的基础。可持续发展指标体系是认识区域可持续发展系统运行的重要工具。以往关于区域可持续发展指标体系的研究主要集中在理性的规范性分析方面，试图建立统一准则的、规范的指标体系和评价标准。然而，由于不同发展水平的地区具有不同的可持续发展观，不同地区对区域可持续发展的理解存在着较大差异（李小建，2001），因而建立在统一标准和规范性分析基础之上的区域可持续发展评估，很难对所有地区，尤其是发展中地区形成有实际意义的、便于公众接受和认可的评价结果。区域可持续发展评估应该采用相对原则，以区域实际情况建立判断基准，评估一定时段内区域的可持续性变化（李小建，2001）。

　　可持续发展战略的实施，不仅需要政府的推动，更需要公众的广泛参与。要实现可持续发展的目标，必须依靠公众的支持和参与（中国21世纪议程，1994）。可持续发展战略要求公众成为发展的责任主体，能够对社会发展的目标、政策、计划等有知情权、发言

权和决策权，从而愿意为发展做出自己的努力和贡献（寇东亮，
2003）。公众参与可持续发展不仅表现在选择可持续发展的生活方
式，也表现在对可持续发展的认知和评估。由公众参与的可持续发
展指标体系是公众直接对周围社会进行可持续发展评价的基本工
具，尤其是鉴于当前中国统计指标的部分不真实性，由公众直接对
区域可持续发展评价更能客观地反映区域可持续发展的动态，同时
评估结果也易于公众接受（而不是对政府的评价产生怀疑）。本章
以地方21世纪议程南阳试点为例，拟对相对基准的、公众参与的和
实际操作层次的区域可持续发展评估进行研究。

14.1 指标体系构建、评估方法与评估结果的运用

14.1.1 指标体系构建原则

14.1.1.1 大众性原则

指标设计要考虑到公众的实际情况（如公众有不同的文化教育
水平），指标的表述易为公众理解，要避免过分的学术化。指标体
系问卷语言要通俗易懂，指标设计要贴近公众日常生活，指标含义
确切，便于公众根据自己的生活经历回答。

14.1.1.2 科学性原则

指标体系的设计要充分考虑可持续发展的内涵，要以可持续发

展的内部结构为依据设计指标体系。指标要涵盖可持续发展的基本内容，具有全面性，同时指标之间不能重复，具有唯一性。指标问卷答案结果要易于量化处理，为以后分析提供方便。

14.1.1.3　简明性原则

指标不宜过多，一般在 20 个左右。指标问卷一般在 10 分钟之内可以答完，以免被试者产生厌倦情绪。指标层次同样也不宜过多，一般采取二级指标即可。公众参与型指标不同于专家型指标和决策型指标，它建立在专家型和决策型的基础之上，更具概括性、典型性和操作性（见图 14 – 1）。

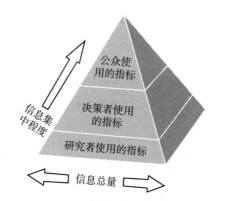

图 14 – 1　区域可持续发展信息需求金字塔

资料来源：Brat，1994；Reed and Dougill，2003.

14.1.1.4　动态性原则

指标问卷问题题干本身具有动态性，即指标本身是对比型指标，而非静态指标。动态型指标的最大优点是便于对比，结果本身已经具有对比性，因而更方便公众理解。

14.1.2 指标体系框架

可持续发展的本质是人口、资源、环境与经济、社会的协调发展。因而，指标体系框架应由这五部分组成（不同类型的区域可根据自己区域的具体情况设计不同的指标体系），但是考虑到人口指标调查的敏感性，很多人尤其是农村以及超生家庭都不愿回答这类问题，因此将人口维度从中删除。其余 4 类指标的二级指标见表 14 - 1。

表 14 - 1　　公众参与的可持续发展指标体系框架及调查问卷

一级指标	二级指标		问卷题干	问卷备选答案
	序号	项目		
环境	1	空气质量	你认为空气质量	A 有所改善；B 无明显变化；C 恶化
	2	噪声	和去年相比，你的住宅附近	A 噪声更大；B 无明显变化；C 噪声变小
	3	城镇绿地面积比率	你居住的城镇绿地面积和去年相比	A 增加；B 无明显变化；C 减少
	4	生活垃圾处理	今年你们社区垃圾处理的方式仍然是混合收集器吗？	A 是；B 否
	5	生活固体废物污染	你周围乱丢垃圾的现象	A 增加；B 无明显变化；C 减少
	6	水体污染	今年你家周围的河流水质有变化吗？	A 变好；B 不清楚；C 变差

续表

一级指标	二级指标		问卷题干	问卷备选答案
	序号	项目		
资源	7	家庭节水节能器具使用	今年你家使用的节能、节水器具增多了吗？	A是；B不清楚；C否
	8	个人资源节约	你个人今年在水、电使用方面	A存在浪费现象；B不清楚；C不存在浪费现象
	9	交通工具使用	你出行经常使用的交通工具是	A自行车；B摩托车；C电动车；D私人汽车；E公交车
经济	10	个人收入	和去年相比，今年你的收入	A增加；B无明显变化；C减少
	11	随意性支出	今年你用来旅游和购买非生活必需品的钱比去年	A增多；B无明显变化；C减少
	12	人均居住面积	和去年相比，你家的人均居住面积	A增加；B无明显变化；C减少
社会	13	贫富差距	你认为今年贫富差距	A加大；B无明显变化；C缩小
	14	社会治安	你认为今年社会治安状况	A有改善；B无明显变化；C恶化
	15	生活现状满意度	今年你对自己的生活现状更满意吗？	A是；B否
	16	健康状况	今年你用于医疗方面的支出	A增加；B无明显变化；C减少
	17	文体娱乐与保健支出	今年你用于文体娱乐与保健方面的支出	A增加；B无明显变化；C减少
	18	教育投资	和去年相比，今年你用于教育的投资	A增加；B无明显变化；C减少

14.1.3 区域可持续发展趋势与等级确定

根据各指标的含义，将其问卷答案赋值分别为 1、0、-1，然后依下式计算各指标的综合评估值。

$$M = \frac{1}{n} \sum_{i=1}^{n} x_i \tag{14-1}$$

式中，M 为各指标的综合评估值，其取值范围为 $[-1, 1]$；n 为被调查者人数，x_i 为第 i 个被试者该指标的赋值。根据各指标的综合评估值，可确定该指标的趋势与等级。趋势确定方法为：$M \in [-0.10, 0.10]$，表示该指标基本稳定或处于警戒状态；$M > 0.10$，表示该指标良好，在朝可持续发展方向发展；$M < -0.10$，表示该指标在背离可持续发展方向发展。之所以选择 0.10 和 -0.10 作为指标分界，是因为当时，正、负评估值恰好抵消，现实中此种情况较少出现，为此适当放宽该指标至 0.10。等级确定方法见表 14-2。在朝向可持续发展方向趋势内，等级越高，可持续性越大。在背离可持续发展方向趋势内，等级越高，可持续性越小。

表 14-2　　　　综合评估值趋势基础上的等级确定方法

朝向可持续发展方向		背离可持续发展方向	
取值范围	等级	取值范围	等级
(0.1, 0.3]	1	(-0.1, -0.3]	1
(0.3, 0.5]	2	(-0.3, -0.5]	2
(0.5, 0.7]	3	(-0.5, -0.7]	3
(0.7, 0.9]	4	(-0.7, -0.9]	4
(0.9, 1.0]	5	(-0.9, -1.0]	5

14.1.4　评价结果运用

将评估结果以直观的形式（如箭头或者娃娃脸图形，而不是数字形式）发布在地方报纸上或者地方可持续发展信息港上，供公众和决策层了解区域可持续发展信息。这些信息可直接表明区域可持续发展在哪些方面存在问题，需要加以调整；哪些方面取得了成效，需要继续坚持。

14.2　南阳试点实证分析

南阳市作为中国地方 21 世纪议程试点城市，是我国中部农业为主地区中等城市典型代表，实证研究将基于南阳市的调查数据展开。

14.2.1　问卷调查与数据处理

14.2.1.1　问卷调查

可通过各种方式进行问卷调查，常用的有：第一，调查员调查。由经过培训的调查员深入到一线进行面对面问卷调查，调查地区应随机抽样。其最大的优点是可以保证所有代表性区域均有足量的样本。第二，网络调查。将调查问卷通过数据库技术发布到当地浏览人数最多的网络上，网民回答问卷（点击）后即可转化为数据。但是目前上网的多是学生和居住在城镇的人员。第三，电话调查。由调查员通过电话方式进行调查。具体操作时，各种方法可同时运用。2003 年 7～9 月，在南阳市 21 世纪议程管理办公室的配合下，将调查问卷发布在南阳信息港上，结果有 10 000 多人浏览，回答问卷者 4 524 人，有效问卷 3 977 份。同时，我们在南阳师范学院青年志愿者中挑选了 97 人作为调查员，在培训后，利用暑假进行了问卷调查，回收有效问卷 3 788 份。大额的调查样本保证了调查结果的客观性和真实性。

14.2.1.2 问卷数据处理

对回收的问卷进行甄别，剔除无效问卷，对有效问卷进行编码与统计分析。将纸质问卷答案输入到 Excel 2003 中，将信息港结果在 Excel 2003 简单处理后，与纸质问卷调查结果合并，形成调查结果基础数据。在 SPSS 10.0 中进行统计分析。基于可持续发展理论，对统计分析结果进行讨论。

14.2.2 被试者基本情况

被调查者中，男性占 67.1%，女性占 32.9%，男性较多；农村占 29.8%，城镇占 70.2%，城镇较多。这主要由信息港被调查者城镇男性较多造成。同样的原因造成地区分布上宛城区、卧龙区人数明显较多，唐河县由于是河南油田所在地，因而调查人数亦较多。从年龄看，平均年龄 29.2 岁，主要集中在 20～39 岁，占总调查人数的 70.6%。收入、职业、年龄和地区分布情况详见表 14-3。总的来看，不同收入、不同职业、不同年龄段和不同地区的被试者广泛分布。

14.2.3　调查结果分析

在各指标答案赋值的基础上，计算各指标的综合评估值（M），如表 14 - 4 所示。

表 14 - 3　　　　　　被试者收入、职业、地区分布统计

年收入		职业		年龄		县、县级市、区	
项目	百分比（%）	项目	百分比（%）	项目	百分比（%）	项目	百分比（%）
1 000 元以下	38.1	城镇居民	0.3	9 岁以下	0.1	宛城区	27.1
1 001 ~ 3 000 元	15.2	工人	19.4	10 ~ 19 岁	12.4	卧龙区	23.3
3 001 ~ 5 000 元	11.0	农民	11.9	20 ~ 29 岁	47.5	淅川县	3.2
5 001 ~ 10 000 元	20.1	教师、医疗	14.8	30 ~ 39 岁	23.1	西峡县	3.1
10 001 ~ 20 000 元	11.6	学生	22.7	40 ~ 49 岁	11.3	内乡县	4.4
20 000 元以上	4.0	商业、服务业	10.3	50 ~ 59 岁	4.5	邓州市	4.2
		公务员	9.8	60 岁以上	1.1	镇平县	5.0
		其他	10.8			南召县	4.0
						方城县	3.7
						社旗县	5.0
						唐河县	9.8
						桐柏县	3.4
						新野县	3.8
总计	100	总计	100	总计	100	总计	100

评估结果定量地刻画出由公众感知的南阳市可持续发展状态。在所统计的 18 个指标中，有 9 个指标为正值，9 个指标为负值，反映出朝向可持续发展方向和背离可持续发展方向指标均为 9 个。环境类 6 个指标中，除了城镇绿地面积比率为正值外，其余皆为负值，说明近些年来城镇绿地面积有所增加，而空气质量、噪声、生活垃圾处理、生活固体废弃物和水体污染均处于恶化状态。事实上，处于工业化初期的南阳市，虽然也力图注意解决经济发展中的环境问题，但是从整体上看，环境仍处于恶化之中。将此调查结果与南阳市 2004 年环境统计公报进行对比，可以发现，二者基本上是吻合的。资源类的 3 个指标均为正值，其中，交通工具使用评估值最高，其次为个人资源节约，二者均明显高于家庭节水节能器具使用。由于南阳市整体经济发展水平较低，拥有汽车的人数比例很小，大多数人乘坐公交车和自行车出行，因而交通工具使用评估值较高。个人资源节约直接关系到个人货币效用，同时由于宣传的作用，故此指标评估值也较高。在经济类的 3 个指标中，也均为正值，表明经济发展确实给公众带来了福利，个人收入和随意性支出评估值均较高。但是社会类 6 个指标中，除了与经济相关的文体娱乐与保健支出和教育投资外，其余评估值均较低。教育投资最高，表明较多的人意识到了人力资本投资的重要性，文体娱乐与保健支出增多，说明人们的生活水平和保健意识有所提高。而其余社会指标均为负值，生活现状满意度较低、健康状况不良，社会治安有待改善，尤其是贫富差距明显拉大。

表 14 - 4　　　　　　　　　各指标的综合评估值（M）

指标序号	M	指标序号	M	指标序号	M
1	- 0. 3357	7	7. 103E - 02	13	- 0. 6767
2	- 0. 3070	8	0. 3509	14	- 5. 7695E - 02
3	0. 1642	9	0. 4458	15	- 0. 1957
4	- 0. 6898	10	0. 2734	16	- 0. 1401
5	- 5. 2272E - 02	11	0. 2328	17	0. 3002
6	- 0. 2453	12	0. 1123	18	0. 6450

　　将统计结果制成直观性图表（南阳市可持续发展状况"晴雨表"），可使公众直观了解南阳市可持续发展状况。从表 14 - 5 中可直接观察出南阳试点可持续发展主要领域在过去一年中的发展状态。如生活垃圾处理和贫富差距问题最为严重，而教育投资、个人资源节约和交通工具使用等指标发展状态良好。生活固体废物污染、家庭节水节能器具使用和社会治安处于警戒状态。

表 14 - 5　　2003 ~ 2004 年南阳市可持续发展状况"晴雨表"

一级指标	二级指标	趋势	等级
环境	空气质量	←	2
	噪声	←	2
	城镇绿地面积比率	→	1
	生活垃圾处理	←	3
	生活固体废物污染	—	
	水体污染	←	1
资源	家庭节水节能器具使用	—	
	个人资源节约	→	2
	交通工具使用	→	2

续表

一级指标	二级指标	趋势	等级
经济	个人收入	→	1
	随意性支出	→	1
	人均居住面积	→	1
社会	贫富差距	←	3
	社会治安	—	
	生活现状满意度	←	1
	健康状况	←	1
	文体娱乐与保健支出	→	2
	教育投资	→	3

注："→"表示在朝向可持续发展方向发展，等级越高，表示情况越好；"←"表示在背离可持续发展方向发展，等级越高，表示情况越坏；"—"表示基本稳定，或处于警戒状态。

14.3 结 论

公众参与可持续发展评估是公众参与可持续发展的重要途径，公众参与的区域可持续发展评估结果更有利于公众接受。采用相对原则的区域可持续发展评估结果更符合区域实际，当调查样本足够大时，尤其如此。直观型的可持续发展"晴雨表"是公众易于接受的可持续发展信息表现形式。本章提出的公众参与的指标体系构建原则和框架结构及方法为评估区域可持续发展发展提供了一种新的思路。但是，这种评价仍然是一种粗线条的评价，人口指标无法统计和计算，需要做进一步的深入研究。

参 考 文 献

［1］寇东亮. 公众参与可持续发展：意义、条件与原则［J］. 河南社会科学，2003，11（1）：5 - 7.

［2］李小建. 区域可持续发展规划的三个新观点［J］. 河南大学学报（自然科学版），2001，31（4）：56 - 58.

［3］中国 21 世纪议程：中国 21 世纪人口、环境与发展白皮书［M］. 北京：中国环境科学出版社，1994：177.

［4］Brat. The department of the environment, sport and territories ［J］. RTK Memo，1994，11：1997 - 2015.

［5］Reed M S，Dougill A J. Facilitating grass-roots sustainable development through sustainability indicators：A Kalahar case study［DB/OL］.（2003 - 05 - 09）［2005 - 06 - 05］. https：//www. researchgate. net/publication.